创意都市的挑战：
走向产业与文化的共生

(日)佐佐木雅幸 著　李艳丽 译

江苏人民出版社

岩波现代文库版前言

被视为"都市的世纪"的 21 世纪,经过了最初的十来年,世界都市在遭遇了全球金融风暴之后,直面大量失业、地域共同体瓦解、环境恶化等难题。都市应有的状态、既有的都市政策的有效性受到质疑,人们正在寻求创造性地解决都市深刻问题的方案。

在这样的背景下,围绕着创意都市的种种尝试在世界和日本都得到了推广。2001 年 6 月付梓的拙著《创意都市的挑战》有幸收获了诸多读者,此次又得以出版现代文库版。

2008 年 9 月 15 日,雷曼兄弟公司宣布破产①引发世界经济陷入金融危机。继而,2011 年 3 月 11 日东日本地区发生了大地震。日本不仅要缩小经济上的差距,而且重建受灾地区人民的生活这一社会课题也重新摆在了创意都市理论的面前。

如何利用文化艺术的创意来应对这些难题、如何激发被闭塞气息笼罩着的日本复兴,本书将提出一些启示。

---

① 雷曼兄弟公司创立于 1850 年,是全球性多元化的投资银行,美国第四大投资银行,受次贷危机影响,申请破产保护。本书中的注释均为译者注,下同,不再一一说明。

史上损失最惨重的东日本大地震发生至今已过去了一年多。

不言而喻,从灾害的打击中振作起来、努力重建生活的居民们,要怀着希望与勇气踏出新的一步,那么,物质上的基础设施就必须进行修复,当地的产业就必须进行复兴。明天的生活与未来的地域社会应该怎样建设,太多的受灾者的心中充满了不安。

其中,支撑着人们生存力的地域共同体的复兴成为必不可少的一环。而为此发挥重要作用的,则是文化艺术之力。尤其是与草根生活相连的祭祀活动、狮子舞等乡土传统艺能所蕴含的深厚的潜力,在今天,在受灾地区,被再次发现、重新认识。

震灾之后,很多艺术家去受灾地进行慰问,却有灾民发出了这样的感叹:"我们很感激你们来,但是如果只有一次慰问,反而会留下无尽的悲哀。"他们所需要的不是一次性的文化活动,而是要发掘出那些扎根于生活及地域共同体之中的文化艺术力,那种本源之力将为复兴发挥出创造性的作用。

大震灾发生的半年后,10 月 15 日,秋田县仙北市的剧团蕨座①举办了创造农村研究会。蕨座是一个立足于民谣与传统艺能的剧团,本次研究会讨论了如何利用文化艺术创意复兴、建设面向未来的农村。尽管当日遇到了坏天气,但是依旧迎来了全国 13个自治体的职员、NPO 与市民约 100 人。

文化厅长官近藤诚一受邀做了演讲。他说,因为遭遇了"3·11"东日本大地震,人们才恢复了对大自然的敬畏之心,但同

---

① わらび座:蕨座是以民族传统为基础,多彩地表现现代艺术的剧团。1951年创办于被誉为"民谣的宝库"之秋田县仙北市。

时也必须恢复人的尊严与伦理。在日本传统文化与思想中就有解决这些问题的钥匙,比如能乐《屋岛》《敦盛》、表现出净土思想的毛越寺庭院等等。而复兴的关键之一,就是激活中小城市及农村的文化艺术。今后,为了人与自然融为一体,既保持特性又一致合作,那就应当进入中小城市·农村时代。

来自盛冈市的参会者说,以前只顾着利用现代艺术来促进城市建设,这次震灾后,人们重新审视自己的人生与生活,再一次意识到传统文化所拥有的巨大能量。来自远野市的参会者说,远野市通过发掘扎根于本地的久远的传说与庙会节庆,从而在确定自我主体性的基础上推进了地域建设,这次大震灾让他们再一次认识到它的重要性。

在历史上,东北地区数度遭受了大震灾及海啸灾害。为了遏制大自然的肆虐,祓除不祥,作为传统的祭神仪式,众多神舞及狮子舞传承至今,支撑并振奋了地域共同体及居民的生命力。

其中,被认定为重要的非物质民俗文化遗产的黑森神乐、鹈鸟神乐等古典舞乐,其在对山神海神的敬畏理念中融合了农村渔村的文化,演绎出雄壮的舞蹈及音乐,形成了高级的传统艺能。三陆地区因此成为一体,留存至今。

对于那些幸运地避开了直接灾害的地区,侍奉者依旧高高擎着被称为"现世神"的(狮子舞的)狮子头巡回各地,这是为了鼓励努力重建生活的人们。因此,为了支援该活动,12月1日,大阪国际交流中心举行了鹈鸟神乐公演。观众超过300人,济济一堂,在古典舞乐雄壮的表演面前,凝神屏息,看得入迷;而与舞者轻快地交流又令他们热情沸腾。那些第一次接触到传统艺能能量的都市人,将会重新对东北受灾地区产生共鸣与连带感。

回溯往昔,京都八坂神社的"祇园祭"据说起源于贞观年间祈求无病消灾的"御灵会"。巧的是同一时期,东北地区发生了贞观地震,损失惨重。超越遥远的距离,连带感与共鸣交相错杂。

"3·11"东日本大地震是有史以来侵袭日本列岛的最大级别的"自然灾害",但同时也是由于重视效率的国土地域政策带来的一极集中①结构的弊病,以及集权性能量供给的政治经济系统的缺陷,也就是自然灾害与"政策灾害"复合构成的历史性事件。这在今后日本社会的构想中是一个亟待解决的大问题。

以安全与环境为第一重点的广域计划的实施,以及向着分权且多样化的文化软实力体系的转换,实为紧迫课题。这不单单是物理性的修复重建,更谋求唤醒人们的生命力,激活生根于地域文化的创造性的复兴。

因此,当务之急是要推进农村与都市的联合,促进利用文化艺术进行创意地域建设的网络化。

---

① 一极集中,指的是日本的政治、经济、文化、人口及社会资源和活动过度集中于东京都及其周边县的问题。

目　录

第一章
"都市的世纪"开幕

"何谓都市？它是如何诞生的，又将走向何方？对于都市所有的表现形态而言，单单一种定义是无法套用的，而且，其生成、发展、衰亡的各个阶段的变迁，仅仅只用一种描写也是无法解释详尽的。"（芒福德《历史的都市　明日的都市》[①]）

如果说刚刚过去的 20 世纪是"国家的世纪"或者"超级大国的世纪"，那么，从现在开始的 21 世纪将成为"都市的世纪"，恐怕一时间没有很多人会赞同这个说法。

可是，"都市的世纪"的确开始了。

那么，"什么样的都市才能成为 21 世纪的典范呢？"对于这一

---

① 刘易斯·芒福德（Lewis Mumford, 1895—1990），美国都市研究家、文明批评家，主要考察研究世界都市的历史，批判现代大都市的非人类性。著有 *The City In History*（1961）等著作。

提问,恐怕也不能断然回答。也许有人会举出纽约、伦敦、东京等都市为代表,回答说:"世界都市正是 21 世纪的都市。"

但是,我认为"21 世纪是创意都市的世纪"。诚然,如同开篇芒福德所说,我们无法使用唯一的模式来阐明所有的都市,本书尝试对这一提问做出一种解答,为"建设创意都市"提出一些建议。

那么,为什么关注的不是世界都市,而是创意都市?

为什么关注的不是跨国巨型企业,而是小型匠人企业?

我们对不可驾驭的超大型都市,以及超大型企业,是否已经手足无措了?

让我们带着这几个疑问,开始本书的探索。

1　沉沉浮浮的两个"世界都市"

"世界都市·东京"的再次登场与消失的"世界都市博览会"之梦

2000 年 12 月,东京都①发布了未来 50 年的蓝图《东京构想2000》。

其中,石原慎太郎知事②将"人·物·信息"交流的 21 世纪的

----

① 都,日本的行政区名,在日本有一都、一道、二府和43县。

② 知事,日本各都道府县的最高代表管理者、行政执行官。

东京命名为"千客万来的世界都市·东京",呼吁通过招揽外国企业及游客的方式重振东京。

具体而言,提出了"16 项政策目标与 35 项战略",从 2001 年度起 3 年中,设置 1 兆 2561 亿日元的事业经费预算,其中 50％以上计划投入大型公共事业。首都高速中央环线的内侧被设置为中心核心区域(center core area),激发东京圈巨大都市的潜力,显示出想要成为称冠世界的国际都市的蓬勃朝气。

仿佛是与此做出呼应一般,自从泡沫经济崩溃之后便销声匿迹的大规模开发,如汐留的旧国铁遗址及台场的临海副都心①等再次开始运转,羽田机场的新国际化建设亦急速展开。

招揽外国资本及游客的"千客万来"果真能够让陷于泡沫经济深渊的"世界都市·东京"复活吗?毋宁说,为了激发出东京的"潜力",提高商业手工业者居住区的产业共同体与草根市民活动的创造性,才更为重要吧。

让我们暂且将时钟的指针拨回,冷静地回顾一下"世界都市·东京"的轨迹。

1995 年 4 月的最后一天,时任东京都知事的青岛幸男发表了《关于中止世界都市博览会的决定》的声明,震惊了整个东京都厅。

就在此前的选举中,青岛幸男先生引发了"无党派革命"而刚刚当选。对于他而言,取消翌年即将举办的世界都市博览会,乃是履行选举时的"承诺",哪怕是顶着都议会及都厅干部层的强烈

----

① 因为东京的行政区域单位为"都",所以中心区域就是"都心"。

反对,哪怕是产生巨额赔偿费,都是必须毫不犹豫地进行决断的政治课题。

"中止世界都市博览会的决定"的声明一经发布,拥有诸多推进派议员的都议会自不必说,海外国家如预定参加的纽约市 R. W. 朱利安尼[①]市长也表示:"为什么取消了呢? 实在是太遗憾了。这剥夺了东京与纽约进行重要交流的机会。"巴黎、柏林与首尔等都市亦传来失望的感叹。

那么,所谓世界都市博览会与临海副都心开发计划,究竟指的是什么? 对于东京而言,这项活动原本又意味着什么?

在这些计划发布的 20 世纪 80 年代末,东京正作为全球化经济主角的日本经济的司令塔,与纽约、伦敦比肩,确立了"世界都市"的地位并蒸蒸日上。与伦敦的码头区[②]开发、纽约的巴特雷公园城[③]开发一样,临海副都心开发被赋予了"世界都市战略"橱窗的地位。

作为临海副都心开发的引爆剂的该博览会,不仅仅是"世界的都市"博览会,更意味着"世界都市"的博览会;是怀着"只有世界都市才是 21 世纪的都市,东京正是走在其前列的都市"这般强烈的自负心而推进的博览会。

---

① R. W.朱利安尼(Rudolph William Giuliani,1944—),意大利裔,美国律师、检察官,1994—2001 年间担任纽约市市长。

② 码头区(Docklands),位于伦敦东部,由泰晤士河两岸的 5 个地区组成,近 30 年来开发成为伦敦最繁华的地区之一。

③ 巴特雷公园城(Battery Park City),20 世纪 60 年代起开始建设,位于哈德逊河沿岸,面积达 37 平方公里。

根据 1987 年 6 月发布的《临海部副都心开发基本构想》,在面积达 448 公顷(其中含新填拓 80 公顷)的区域内,建设以"东京电讯港"(Tokyo Teleport)为中心的国际信息商业中心、国际展示厅、酒店、会议会展设施,以及超高层住宅区、新交通系统,打造一个就业人口 11 万人、居住人口 6 万人、来访人口 45 万人的新都市。

最初发布临海开发的总事业经费为 3 兆 4200 亿日元,这个数字在 4 年之后的 1991 年大约增至 10 兆日元。其中一半的经费 5 兆日元是基础建设经费,目前由东京都承担,不过最终变成了向进驻的企业收取地租与权利金①的形式,而企业通过自行建造的大楼招租以回收地租等费用。可是,由于泡沫经济的崩溃,写字楼的供给过剩导致企业加入的热情骤然冷却,接二连三的企业对签约面露难色。

于是,中止世界都市博览会绝不仅仅意味着取消总经费高达 1000 亿日元的活动,其举办预定地临海副都心的开发前途亦变得不再透明,同时也暗示了"世界都市·东京"的未来。

世界都市是什么样的都市?

回溯世界史,古罗马、中世纪的威尼斯,以及 18 世纪的维也纳等世界帝国的首都都曾被称作"世界都市"。然而,本书所讨论的"世界都市"是基于自 20 世纪 80 年代中期起,对处于世界体系

---

① 权利金,在签订租借契约时向房主支付的除租金、押金之外的费用,契约满期后亦不退还。

之中的纽约、伦敦、东京等超大型都市所拥有的新经济功能给予关注的杰·弗里德曼教授(《世界都市·假说》)的理论框架而提出的概念。

接着,萨森(《世界都市——纽约、伦敦、东京》)等学者的实证性研究充实了这一假说,内容表述如下:

即,自20世纪80年代起,经济全球化真正开始发展,世界都市拥有立于其顶点的跨国超大型企业、超级金融机构的总公司与计划决策部门,形成了可称为巨大赌场资本主义轮盘的国际金融市场,扮演着金融与经济的世界指挥塔角色。

其中,除了法人企业的经营精英与金融专家外,还集聚了支撑全球经济活动的法律及会计师事务所、经营顾问、广告宣传业等专门服务业界的高收入者,以及很多与IT相关的SOHO(在小型办公室或家庭办公室工作)企业家,娱乐业、媒体艺术等创意产业界的艺术家们。

另一方面,也聚集了饭店、酒店,以及在建设工地工作的相对低收入者,他们当中的很多人都是从海外前来谋职的移民工人,如果是非法移民者,则所处的工作环境更为恶劣。

所以,这是一个同时体现了世界财富与贫困两极分化的都市,因此也是一个不断涌现无家可归者的收容及移民接收等都市特有问题而带来财政重负的都市。

并且,以世界各地汇聚而来的财富为基础,所谓世界都市,既是培育艺术文化、富有文化传播力、领导世界都市文明的都市,也是因其绝对性的影响力,而不可避免地被周边都市批判为文化帝国主义都市。

充满泡沫的世界都市——东京

正当世界都市论华丽登场之际,具有讽刺意义的是,吸引了欧美研究者目光的并不是纽约、伦敦等,而恰恰是东京。

纽约市在 1975 年 6 月,赤字达 26 亿美元,长期累积债务高达 78 亿美元,巨额财政赤字使得纽约市实际上被债权者华尔街大银行所接管,深陷于不光彩的"破产"状态,震惊了世界都市政策的负责人。

纽约市一方面通过削减福利预算及公务员以图节约财政,另一方面搭上"金融革命"催生的证券潮,将被称为"雅皮士"①的那些高收入者唤回市中心。通过实行那些名为"乡绅"的雅皮士偏爱的都市复兴战略,至 80 年代中期,竟惊人地得以重生,奋勇奔向"世界都市"。

通过不断投资高风险、高回报的企业并购(M&A)②,富豪特朗普③在第五大街建造了金光闪闪的特朗普大厦,④成为时代的宠儿,其房地产业达到巅峰时代,后现代的高层建筑群使曼哈顿

---

① 雅皮士,20 世纪 70 年代年轻有活力的高级职员。
② Mergers and Acquisitions,兼并和收购。
③ 唐纳德·特朗普(Donald Trump),第 45 任美国总统。
④ 特朗普大厦,坐落于曼哈顿的纳苏街与威廉街之间。该楼原来是曼哈顿银行大厦,因曼哈顿银行与大通国民银行合并而改称华尔街 40 号大厦。

的景观焕然一新。

可是,在华尔街急速复活的背后却存在着意想不到的陷阱。股市与房地产热潮加深了投机的色彩,1987 年 10 月,"黑色星期一"爆发。失去了避风港而狼狈不堪的投机资本,将市场从纽约转移至东京,从而加速了"东京的世界都市化"进程,舞台由纽约转向东京。

当时的东京正陷于人、物、钱的一极集中的旋涡之中。1985 年 9 月签订《广场协议》①,日元升值刚一确定,日本经济全球化便随东京一极集中现象急速地扩展开来。

1987 年制定的《第四次全国综合开发计划》提倡,在产业空洞化显著的地方圈开发度假村,同时将迈向世界都市的"东京改造"纳入课题,东京都也在《第二次东京都长期计划(1986 年)》中将"世界都市"吸收为都市战略的关键词。

作为"日式世界都市"的东京,其特征不仅在于众多的跨国大公司的本部都集中于东京都中心,而且临海地区的原料型企业也改变了样态,在内陆地区新建了尖端产业研究所及主力工厂,从

_____

① 广场协议(Plaza Accord),20 世纪 80 年代初期,美国财政赤字剧增,对外贸易逆差大幅增长。美国希望通过美元贬值来增加产品的出口竞争力,以改善美国国际收支不平衡状况,所以签订了此协议。广场协议的签订得到日本大藏省(2000 年前的日本主管金融财政的部门)的强力推动。当时日本经济发展过热,日元升值可以帮助日本拓展海外市场,成立合资企业。广场协议签订后,日元大幅升值,国内泡沫急剧扩大,最终由于房地产泡沫的破灭造成了日本经济的长期停滞。

而成为国内"中枢"高技术产业都市,被海外评价为"全球·尖端技术城市"。

也就是说,与纽约、伦敦等都市相比,东京的特征是制造业占比高,相反,服务业的事业所尤其是支撑企业国际性商务活动的专门服务业的集聚处于劣势。

不过,在汽车产业等行业赚取巨额贸易顺差的背景下,尽管尚残留着"封闭性",金融中心在外压之下加速了国际化,1986 年开设了东京离岸市场(Japan Offshore Market, JOM),1987 年以后东京国际金融市场迅速成长起来。

随着货币市场飞跃性的扩大,以及因外国金融机构、专门服务业纷纷入驻丸之内①等都心城区而增大了对办公楼的需求,引发了股票与地产投机。最终,举政府与民间之力的"东京改造"即"世界都市战略"造就了一场泡沫缩宴。

作为巨型文化消费市场的东京

随着大企业的总部及金融机构的一极集中,东京不断地从外地县域吸收资本。倚靠这样的经济实力背景,文化方面的东京集聚就愈发突出,形成了巨大魅力,吸引了全国各地的年轻人。

对于青年文化的形成具有重大影响力的大众媒体,鲜明地体现出东京集聚现象:拥有 80％的出版社、95％的出版销售额;在广播领域,电视节目制作超出 80％。而且,大阪的各家电视台节目中现在大约有一半都是在东京制作的,所以实际上约 90％份额都被

———————

① 丸之内,是东京都千代田区内的地名,位于皇宫东面。

东京所占据。(电通总研:《信息媒体产业的都市集中 东京集中》)

作为对当下的年轻人具有巨大影响力的信息媒体,电视台的周边集聚了各种工作室、演艺经纪公司、代理商、节目企划制作公司、调查公司等相关事务所;TBS、朝日电视台、NHK 等电视台所在的赤坂、六本木,以及涩谷一带,形成了以大型广播公司为中心的全国网络,并演变成集聚了各种各样的 IT、媒体相关产业的"媒体城下町"[1]。

这些 IT、媒体相关事务所都冠以流行的 SOHO 称号,继最近的曼哈顿硅巷(Silicon Alley)之后,形成了新的文化传播基地比特谷[2]。

此外,御茶水、神田、秋叶原集聚了多媒体相关产业,国分寺、小金井等武藏野台地的一角集聚了动漫产业。

这种由 IT、媒体相关产业生发出来的动漫与游戏软件,与 walkman[3] 一同代表了日本年轻人的文化,在今天已经输出至世界各国,成为日本代表性的文化输出。随着文化娱乐产业的开展,东京都中心新开发项目中,以剧场、音乐厅、主题公园、电影院、美术馆等复合型文化娱乐设施为核心的项目越来越多。

高级公寓与剧场合二为一的松下剧院[4]、走在企业公益活动

---

[1] 城下町,以诸侯的居城为中心发展起来的都市。

[2] Bitter Valley,取涩(Bitter)、谷(Valley)合成的新词,指集聚互联网相关企业的东京涩谷地区。

[3] 随身听。

[4] The Globe Panasonic,即 The Globe Tokyo,是一座位于东京新宿区的剧院,1988 年开馆。因为有一段时期由松下电器产业集团进行运营而更名,在 2002 年之前两个名称同时使用。

前列的季节集团①,在涩谷建造了 PARCO 剧场与名为 LOFT 的商业设施;另一方面,其竞争对手东急集团则采取了在百货商店旁边建造与纽约的格林尼治村(Greenwich Village)相仿的复合型文化设施 Bunkamura(文化村)的策略,令人记忆犹新。

像这种由企业主导的文化战略在 20 世纪 80 年代以后,在都市的商业设施及再开发战略中被正式采用,与泡沫经济一同开花结果。可以说,"进入了文化与娱乐领导大都市消费的时代"。

几乎每个月都有歌剧院、音乐厅等超豪华文化设施相继开馆,从巴黎、米兰等地引进著名歌剧剧目,昂贵的演出票价掀起了大众话题。

这个时期的东京文化消费市场的规模超过了纽约。根据《东京都产业关联表》分析(如表 1-1 所示),1992 年东京都对艺术文化支出额为 1 兆 1605 亿日元,综合经济效应达 2 兆 1826 亿日元,分别超出纽约 3000 亿日元左右。另外,根据该资料分析(如表 1-2 所示),在东京都内,比起建设东京国际论坛大厦等土木工程,对剧场及演艺等艺术活动进行投资带来了更高的生产诱发效应。这是因为在东京都的经济中,信息、多媒体、艺术、娱乐等服务型产业所占比重逐渐增高。

可是,这么大的文化消费市场不过是泡沫经济的残影。

① Saison Group,原名西武企业集团,是以西武百货为中心的流通产业内最大的企业集团。

表1-1 东京与纽约的艺术文化经济效应之比较（1992年）

项目		直接效应（支出额）			构成比		综合经济效应	
东京	纽约	东京（亿日元）	纽约（百万$）	纽约（亿日元）	东京（%）	纽约（%）	东京	纽约
演出团（体育除外）（非营利）	舞台艺术团体	1435	806	1346	12.37	16.33	2612	2746
博物馆	博物馆	179	398	665	1.54	8.06	285	1357
其他	公共广播、剧场	—	254	424	—	5.15	—	863
画廊、拍卖行		—	398	665	—	8.06	—	1403
剧场（商业剧院）		605	324	541	5.22	6.57	1138	1466
录像、电影制作		5819	1444	2411	50.15	29.26	11872	5552
艺术未访消费		3566	1311	2189	30.73	26.57	5920	3875
合计		11605	4935	8242	100.00	100.00	21826	17261

注：1. 日元换算采用与纽约相比较的东京生活费中的购买力平价，以1美元＝167日元《物价报告'95》（经济企划厅：《物价报告'95》）进行计算。

2. 直接效应的数值为商品与服务的购入金额，不包含劳务费。

资料来源：文化经济研究会《关于文化的经济效应的调查研究》（1997）。

表1-2 东京都艺术文化与建造业的生产诱发效应之比较（1994年）

	剧场（歌事业）	演出团（体育除外）	博物馆	录像电影制作业	东京都访客消费	东京国际论坛大楼建设
支出额（经常经费）	630亿日元	1494亿日元	193亿日元	6060亿日元	3651亿日元	1395亿日元
生产诱发效应	1.88倍（100.00%）	1.82倍（100.00%）	1.59倍（100.00%）	2.04倍（100.00%）	1.66倍（100.00%）	2.27倍（100.00%）
东京都地区	1.51倍（80.3%）	1.49倍（82.1%）	1.36倍（85.6%）	1.67倍（82.1%）	1.18倍（71.1%）	1.39倍（61.1%）
其他地区	0.37倍（19.7%）	0.33倍（17.9%）	0.23倍（14.4%）	0.37倍（17.9%）	0.48倍（28.9%）	0.88倍（38.9%）

注：东京国际论坛大厦建设的数据依据东京都职员研修所调查研究室·东京都总务部统计部《东京国际论坛大厦建设的经济波及效应（1991年）》，通过1991年数值进行推断。

资料来源：文化厅文化政策室：《关于文化波及的调查研究》。

虽说从 1986 年起连续 4 年资金收益（capital gain，通过股票与土地升值获得的资本盈利）高达 430 兆日元，但是泡沫经济一旦崩溃，背负着不良债权的国内金融机构便陷入了经营危机，外国的金融机构开始从东京向香港、新加坡转移，"金融空洞化"的噩梦变成了现实。

在亚洲的世界都市地位竞争中，以东京市场复兴为目标的"日本版大改革（Japanese Big Bang）"尝试受到了挫折，日本的主要银行也被逼入破产的深渊，眼看就要为欧美银行集团所控制。

国内虽然依旧维系着东京一极集中·万能（almighty）模式，但是在国际上，因为封闭的金融体系而失去了优势，其虚像开始瓦解，日式世界都市的实像变得鲜明起来。

曾几何时，作为与纽约、伦敦相提并论的"世界都市俱乐部"的成员之一而获得了过高评价的"世界都市·东京"，看起来好像形成了超越纽约的国际金融中心。但实际上，表露出其护航船队①方式下的"封闭的世界都市"的弱点，在 90 年代初随着泡沫经济的崩溃陷入了金融功能瘫痪与金融空洞化的危机。

东京都担负着巨额财政赤字，破产迫在眉睫。所以青岛知事登上舞台后，迫不得已将招牌从"世界都市"换成了"生活都市"。

世界都市纽约的经济与文化

当东京的泡沫刚一溅开，世界都市的舞台便再次切换回纽约。

---

① 护航船队（convoy system），战后日本的金融行政之一。为了保护整个金融机构，国家以最弱的金融机构为基准制定政策和规则。

自 1992 年起,世界都市纽约的好景气大约持续了 10 年。《地域经济报告 2000》(NY - NJ 港湾局)评价其"以过去 15 年来从未有过的强势劲头闯进了新千禧年"。

在这期间,纽约证券交易所的平均股价大约暴涨了 3.5 倍,在空前的股票热潮中受惠的华尔街证券业成为中流砥柱,赚取了薪金收入和实际收入增加部分的 50% 以上,证券公司的平均薪金在最近的 8 年中大约增长了两倍。

对于金融、保险、房地产等一时间火爆的产业,取其名称的第一个字母,合称为 FIRE 产业①。报告指出,该产业的全部利润支撑了都市的经济成长,为纽约大都市圈的服务业创造了大约 60 万人(纽约市内有 30 万人)的就业机会。其中,支撑法人企业的会计律师事务所、咨询顾问、广告业、计算机服务,以及保健、社会服务与文化娱乐,都为增加就业做出了贡献。

最近,象征着新经济繁荣景象的是时代广场的再开发。在 42 街与百老汇大街的交叉口,纳斯达克开设了微软等互联网相关企业的股票交易市场。在其对面,提供金融、股票信息的路透社建造了智能大厦(Intelligent Building)。在这两个街区的西面,是 1996 年迪士尼华丽开张的第一个热门音乐剧《狮子王》的常设剧场。

取代了首任黑人市长 D. N. 迪肯斯,1993 年久违的共和党人市长 R. W. 朱利安尼一上台,便将曼哈顿的流浪汉避难所撵到游客看不见的地方,时代广场上建起了岗亭。

都市社会学研究者、纽约市立大学的祖琴(Zukin)教授带着

---

① 金融 finance,保险 insurance,房地产 real estate。

讽刺意味的口吻说:"纽约人难道不觉得将时代广场搞得像迪士尼那种儿童神话王国很别扭吗?为了将42街的成人商店与窥视小屋①迁出去而进行再开发,政府甚至拿出了补助金表示热烈欢迎。可是过分干净就不像纽约了。"

她亲自住在SOHO的阁楼里养育孩子,撰写了一本名为《阁楼式的生活》的书,她在其中指出了下面这一饶有趣味的现象:

> 大约从70年代初起,年轻而贫困的艺术家们在那些曾经支撑了纽约经济的SOHO②、Tribeca印刷工厂③、缝制工厂的旧址上开始定居,开展他们创造性的艺术活动。可是不久之后,他们就被准备在那块地方开发高级住宅区的房主与房地产商赶了出来,二者之间形成了对立。

> 接着,当政府表示理解他们身为"艺术的创造者"而会做出合情合理的处理,允许他们居住于"工业地带"时,瞬间,阁楼式生活便被评价为前卫样态,高收入的雅皮士也纷纷涌入。

> 于是,房主与房地产商哄抬房租,不知不觉间,SOHO变成了高级餐厅、咖啡馆、画廊云集的观光地。

---

① 一种风俗店。
② SOHO,South of Houston Street 的简称,位于纽约市曼哈顿的西南地区。19 世纪 60 年代,很多艺术家在此租用仓库居住,后来成为前卫艺术、时尚的中心地。
③ Tribeca,美国纽约市曼哈顿地区的一个地名,是 Triangle Below Canal Street 的缩写。

其结果是,贫困的艺术家们被迫从房租高涨的 SOHO 与 Tribeca 印刷厂搬到附近房价低廉的东村(East Village)一带。

祖琴分析了这种都市生活方式的改变,以及充分利用艺术、娱乐来进行新都市开发后出现的后现代都市景观,她将都市新资本积累方式称为"艺术性生产样式"。

作为"创意产业"的 IT 与网络泡沫——金光闪闪的硬币的正反面

20 世纪 90 年代中期,聚集在 SOHO 周边的艺术家与数字领域的技术者结合在一起,从事 IT、内容制作的 SOHO 也集聚到一起,之后这里便被称作"硅巷",作为一种新都市型产业吸引了众人的目光。

所谓硅巷,指的是在曼哈顿 41 街南面的 SOHO 及 Tribeca 周边集聚了娱乐软件制造公司、互联网服务公司、网站设计、CD - ROM 产权开发商(title developer)等可归类为新媒体产业的小型事务所,并且在 90 年代以后,就业岗位激增,获利甚多,为大众媒体所报道,故而效仿了加利福尼亚的硅谷而得名。

《纽约·新媒体产业调查》曾经三次对硅巷的互联网业务进行了调查。在最新的调查中显示,从 1997 年开始的两年间,整个纽约的事业所数量增长了 25％,约有 8500 家互联网业务;增加了 40％的就业岗位,约 25 万人;薪金总额增长 55％,达 83 亿美元;

总收入增长 53％,达 170 亿美元;风险资本投入了 60 亿美元。

其中,同一时期硅巷体现出显著的增长率,事业所数量增长了 51％,达 1675 人;增加了 143％ 的就业岗位,达 56757 人。其在纽约互联网业务中所处的中心地位无可动摇。

聚集于该地区的最大理由在于:拥有艺术才能与编辑才能的劳动力集中于此、可以廉价租赁事业所,而且聚集了以时尚业、出版业、媒体产业等为顾客对象的多种都市型产业。加之,还有促进小型互联网企业相互交换市场信息与合作的纽约·新媒体协会等草根组织,为新型互联网业务创造了一个"创意之家"。

正是这样,纽约的金融、IT、娱乐成为经济的新引擎,并在 21 世纪继续以"卓越的世界都市"的面目傲视全球经济。可是,被夸耀为史上最长繁荣期的"世界都市"经济,刚一进入 21 世纪就发生了变化。

在全球泡沫浪潮中颠簸的"世界都市"

首先,自 2000 年 4 月互联网相关股价暴跌后,纳斯达克市场反复震荡。以网络销售书籍的亚马孙为代表的互联网风险企业(.com company),在没有做出营业利润的情况下,通过频频发售新股而赚取巨额资金收益的"互联网神话"崩塌了。

到了 2001 年 3 月,包括美国经济的核心部分"重厚长大"产生在内,华尔街股价受纳斯达克拖累而开始暴跌。这是时隔 15 年泡沫破灭的开始。

受证券公司的利诱,将自己为老年生活准备的储蓄都投入股票上的普通市民,如果一起抛售股票,事态将会呈螺旋式恶化。

我的朋友,纽约市立大学的威廉·塔布(William Tabb)教授在其著作《纽约市的危机与变容》中很早就指出了世界都市的危险性。

> 一直到20世纪60年代,纽约都是一个都市型制造业发达的都市。众多的印刷工厂和缝纫厂穿插于城市的大楼之中,我的父亲曾经也当过印刷工人。后来逐渐地搬至薪金便宜的南部地区与墨西哥,工厂变成了废墟,蓝领工人们失去了工作而成为失业者,或者只能去薪金更低廉的餐厅与旅馆工作。朝着世界都市化这个目标,金融、证券业迎来了热潮,另一方面,制造业越来越衰退,都市经济的阵地变得越来越狭窄,世界都市的结构不再稳定。

他指出,在经济良好的情况下,扩大的服务业雇佣可以分为以大企业为顾客的专门职业及以个人为对象的非熟练职业两种群体,工作人员的收入则明显分为高收入者与低收入者,两极分化日益严重。并且,非法移民的工人们拿着极其低廉的薪金工作着,形成了所谓的地下经济部门。因此,证券热潮一旦崩溃,纽约将很可能遭遇严重的社会问题。

"我带你去看个有趣的地方",他开着车载我去了布鲁克林区(Brooklyn)迪卡尔布大街(Dekalb Avenue)上的普瑞特艺术研究院①附属社区·环境开发中心，向我介绍了所长罗纳尔多·西弗曼先生。

普瑞特艺术研究院是与帕森斯②齐名的著名设计大学，该大学的附属中心作为支持非营利社区开发的中介机构，创建于1963年，是美国最早启动的该类机构之一，也是日本熟知的城镇建设组织。

该中心为了让低收入者的社区居民主动参与振兴荒废地区、改造老旧住宅的事业，在政策研究、技术支持、教育活动以及相关资金方面提供了援助。

当时，西弗曼先生与担任助手的大学生们，正在指导设计面向黑人未婚妈妈群体的集体住宅，打算在中心位置安置育儿室，周围一圈分配单独的房间。与一般高收入的白人女性不同，黑人女性因为交往的对象没有收入，所以很多成了未婚妈妈。西弗曼先生希望通过建设集体住宅，帮助这些女性取得经济上的独立。

他们所做的活动，就好像在世界都市里拉起了一张安全网。泡沫一旦破裂，首先受害的就是那些女性。

塔布先生似乎想告诉我们，那些站在世界都市顶点、沉浸于

① 普瑞特艺术研究院（Pratt Institute），1887年建立于美国纽约市，是著名的艺术类院校之一，是一所应用艺术型学校。
② 美国帕森斯设计学院（Parsons School of Design at The New School），1896年成立，是享誉世界的设计学院，美国最著名的服装设计学院。

泡沫经济之中的人们，以及默默地拉起安全网的人们，共同撰写了"一个都市中的两个物语"。

回溯往昔，20世纪80年代后半期以来，纽约与东京这两个世界都市，一方若浮起，另一方则沉没，不断重复着拉锯战。

也就是说，在20世纪末登场的"世界都市"，可以称为——在内部，富裕与贫困两极极端分化；在外部，都市经济受全球经济动向所左右，是一个背负着动荡不安的宿命的都市。

大约在50年前，都市学学者刘易斯·芒福德在《都市的文化》一书中曾经预言：像纽约市这种巨大都市，从中心都市（metropolis）发展为巨大都市（megalopolis），又变成专制都市（tyranopolis）——对殖民地的经济寄生与过度的消费文明，麻醉了市民的批判精神，贪污成风的官僚政治统治着都市——最终演变为死者的都市（necropolis）。

预言是否成真，且看21世纪。

推动"都市的世纪"的潮流

随着纽约、伦敦、东京等超过了一个国家的国民经济规模，对世界经济产生重大影响的"世界都市"的出现，"国家的世纪"开始向"都市的世纪"过渡。

如果从理论上进行总结，推动这一转换主要有以下三个潮流。

第一，随着经济活动的全球化，被称为"国民国家的退场"或"国民经济的黄昏倾向"的现象越来越严重，国民国家与国民经济结构倒退,取而代之的是以往被称为子系统的都市自治体及都市经济的重要性日渐突出。

现在,推动全球经济化的跨国公司与跨国金融机构,越过国境,自由地开展资本的移动及整合,试图建构生产、流通、金融、管理的高效系统。

为此,超大型公司之间的竞争愈演愈烈,亏损的大型工厂被精简;为了谋求低廉佣金的劳动力,资本流向海外;现有工业地带不断陷入空洞化危机。此外,在跨国农业资本(agribusiness)的影响之下,大米市场不断开放等农作物贸易自由化,将竞争力薄弱的农村逼至毁灭的深渊。

加之,对冲基金(Hedge Fund)等跨国金融机构手中所集聚的巨额投机资本,为了谋求差额利润,通过瞬间席卷世界的"赌场资本主义",削弱了国民国家所承担的金融政策、产业政策、地域开发政策,各地域逐渐被整合于垂直且具有弹性的企业内部分工体制(例如世界总公司——地域综合总公司——分公司·营业所——主干工厂——分工厂)之下。

在其顶点,雄踞着扮演全球经济指挥塔功能的"世界都市",似乎获得了超越国民国家的能力。

第二,支撑国民经济的官僚集权国家的解体及重组的倾向。

无论是军事国家还是福利国家,或者是土建国家①,拥有庞大的官僚结构的现代中央集权国家,因其制度僵硬性、应变能力低

---

① 土建国家,表示国家形态的语言,即为了开展公共事业,在土木建筑工程中投入了庞大的经费。

下而陷入严重的财政危机,开始摸索从集权型国家体系向着以有效对应环境变化及居民需求的都市及自治体为主角的分权型社会体系进行转换。

EU 在进入真正统一阶段之后,尝试着向后福利国家时代的分权型社会转型;在韩国及长期处于"开发独裁体制"①之下的印度尼西亚等亚洲诸国,地方分权的趋势也日益明显。

第三,随着 IT 革命的到来,电脑、信息通信、软件产业蓬勃发展,原材料重工业衰退的结果是,相较于物质生产,知识生产的比重急速增长。

因此,大学院大学、研究所等基础研究机构,大学、专业学校等高等教育机构,还有图书馆、剧场、音乐厅、歌剧院等文化设施,以及包括都市景观及都市设计在内的都市文化、学术集聚,创造出高科技的创意都市型产业,并作为具有发展前途的基础建设而越来越受到重视,"富有文化与经济创造性的都市"即"创意都市"也越来越受到关注。

以上三股潮流彼此牵扯,"都市的世纪"的舞台似乎已准备就绪,充当开幕先驱的 20 世纪末登场的"世界都市",几乎被淹没于全球泡沫的深渊之中。作为"都市的世纪"的另一个主角——"创意都市"蓄势待发。

———————

① 新加坡国家治理的背后,是不允许国民批评政府,市面上也少有与思想有关的书籍。于是,一些新兴国家的领导者纷纷效仿新加坡实施强权统治,这种政治风格被称为"开发独裁体制"。

泛滥的"创造性"及其背景

在"都市的世纪"真正拉开帷幕之前,在"国家的世纪"陷入僵局与"国民经济的黄昏"带来世纪末闭塞的情况下,无论是欧美或是日本,作为打破艰难现状的关键词,"创造性"成了话题。

自70年代末起,欧美重新审视福利国家,对艺术文化所具有的"创造性"倾注了关注。

例如,在英国,标榜为"新劳动党"的布莱尔首相登场,实行了大规模的行政改革。其要点之一就是向激发社会创造性力量的艺术文化政策转型,英国政府也将广义的艺术文化产业按照"创意产业(Creative Industry)"的定义重新分类,为了激发其"丰富的创造能力"而设置了专门委员会,提出振兴政策(文化、媒体、体育省:《创意产业》)。

具体而言,将音乐、舞台艺术、影像、时尚、设计、工艺、美术品市场、建筑、电视广播、出版、广告,以及包括游戏软件在内的各种产业统称为"创意产业"。1995年,雇佣达140余万人(全产业的5%),成为创造出大约250亿英镑附加价值(GDP的4%)的一大产业。其成长潜力备受瞩目。

在美国,1997年2月,在总统顾问委员会关于艺术与学术问题答复的题为《创意美国》的报告中,提出了如何提高美国社会创造性的课题。

其中论述到,正是艺术与学术所具有的创造性,才给美国社会带来了多样性,加强了美国民主主义社会的基础,基于这一理由,将艺术与学术定位为"(准)公共财产",确立公共部门积极的推进政策是非常重要的事项。

另一方面，自90年代起便陷于绵延不断的不景气状况之中的日本社会，对新型产业、企业的创造倾注了关注。中央政府的新事业项目，例如依据《中小企业创造法》的"创造性的××事业"逐渐增加，"创造"这一关键词获得了广泛使用。

此外，在企业经营领域内也正在摸索新的理论，经营学学者野中郁次郎在1995年出版了《知识创造企业》①；以企业视角所见的知识创造为课题，依据迈克尔·波兰尼②"隐形知识""创发"概念展开了讨论，引起了国际社会的关注。

野中先生批判了企业以裁员为名目随意削减人员，虽然在短时间内恢复了股东所期待的企业收益，但是从长远来看，反而会危及企业的生存；他强调，激发劳动者的创造性的"知识经营"才是现在应当追求的东西。

日本关于"创造性"的讨论，打破了时代的闭塞感，这与摸索符合新世纪的社会及企业新样态的动向相一致，其焦点集中于如何改革剥夺了个人创造性的社会与企业这一点上。

野中在最近的论文（《面向动态的组织知识》③）中阐述道：

---

① 野中郁次郎：《知識創造企業》，东洋经济新报社，1995年。

② 迈克尔·波兰尼（Michael Polanyi, 1891—1976），英籍犹太裔物理化学家和哲学家。著作《个人知识》，贵州人民出版社2000年版；论文选集《社会、经济和哲学》，商务印书馆2006年版。

③ 组织知识，在建立组织进行活动的企业中，其领导及成员都希望将"个人"的知识、经济、技术转化为"组织"的共有财产并加以有效利用。实践这一目的的方法被称为知识管理，而知识管理的对象就是"组织知识"。野中郁次郎，绀野登：《ダイナミックな組織知に向けて》，《ビジネスレビュー》45(2)，1—13 (1997—11)。

"创造之力不单单是个人内部的东西,更是从个人与个人的关系、个人与环境的关系,也就是从'场域'之中诞生出来的。"其企业经营论重视创造知识的"场域"。所谓"场域",是一个同时具有空间与时间的概念,他说:"当现有知识不能充分发挥作用,或者不得不建立新的生存层次的时候,就会主体性地产生知识创意。"

那么,他所讨论的"新的生存层次"究竟是在什么意义上提出的呢?

在全球金融危机的冲击下,如果只是单纯地认识到"企业能否继续生存",未免过于狭隘。当下,直面全球结构改变、地球环境危机,摆在我们面前的不正是创意地解决"都市与地域社会能否继续生存"层次的问题吗?

随之,我们的视角若从创造的"场域"来看,仅仅讨论企业内部则过于狭隘。首先需要考虑的是,有企业、有劳动者生活的"都市及地域本身必须是有创意的"。

那么,都市的创意指的是什么?创意的源泉究竟是什么?阻碍都市创意的东西是不是横行于都市的过度商业主义与官僚主义?在此,对创意都市做一个理论谱系的整理。

2 "创意都市"的登场及其谱系

何谓创意？

英国文化社会学学者雷蒙·威廉斯^①在《关键词辞典》^②中阐述道，"创意（creative）"这个词语不仅具有独创的、创新的普遍意义，还包含了与其相关联的生产性的特殊意义。

根据他的说明，从拉丁语 creare（制作或创造）传入英语的这个词语，直到 16 世纪一直都是与"作为造物主的神的行为"密切联系在一起的，后来随着文艺复兴人文主义思想的兴起，逐渐拥有了"人的创造能力"的意思。

也就是，概念向创造思想与财富的人的主体发生了转移。

其后，在市民革命与产业革命发生的 18 世纪，这个词语多用于科技与艺术思想领域。关于"创造的能力"的普遍性称谓"创造性""创意（creativity）"迟至 20 世纪才出现，因其与创新（innovation）、想象力（imagination）、空想（fantasy）相关联，所以一方面较多使用于经济及生产活动，另一方面又使用于艺术及思想。

---

① 雷蒙·威廉斯（ Raymond Williams，1921—1988），20 世纪中叶英语世界最重要的马克思主义文化批评家，文化研究的重要奠基人之一。

② 椎名美智等译：《完訳キーワード事典》，平凡社，2002 年。

罗斯金的"艺术经济学"

对于这种"创造的能力"付诸关心的人是英国活跃于维多利亚时期的约翰·罗斯金[①]。

年轻时爱好诗与美术评论的他,逐渐与以 J.S.密尔[②]为代表的功利主义经济学针锋相对,有志于建立重视人的创造活动与享受能力的"生命经济学"体系化。他尤其醉心于意大利都市威尼斯美丽的建筑群,数次前往调查,于 1853 年出版了名著《威尼斯的石头》。

在此,罗斯金从历史都市威尼斯的建筑群中将哥特式挑选为至高无上的样式,其理由在于哥特式凝聚了"精神力与表现"。

也就是,罗斯金洞察到,哥特的精神性要素正如"野性、多彩、嗜好变化、自然主义、怪癖、战栗不安的想象力"等所体现的那样,并非那些从事建筑或者石材雕刻、加工的工匠们在统治者的命令下通过奴隶劳动获得的,而是自主思考、自由动手形成的结果,是反抗权威的自主独立精神的体现。

他发现了其中蕴含的"精神的体现",并且评价其背后的工匠所拥有的"生命与自由的象征"的工作状态。那不是埃及或希腊的奴隶艺术,不是在统治者与上级的命令之下完成的,体现了正

---

① 约翰·罗斯金(John Ruskin, 1819—1900),英国维多利亚时代的作家和美术评论家。他对社会的评论使他被视为道德领路人或预言家。曾任牛津大学美术教授。

② J.S.密尔(John Stuart Mill, 1806—1873),19 世纪英国哲学家、经济学家、逻辑学家,实证主义和功利主义的著名代表。旧译穆勒。

确性与勤勉的漂亮建筑物,而是反抗权威、自由构思与策划的创造性工作。

罗斯金认为,像艺术这样的创造性活动,"手与头与心"必须是一体的,他渐渐地对当时的工厂劳动方式产生了疑问:所谓分工,不是将劳动进行分割,而是将一个人进行了粉碎。他尖锐地指出了以下问题:

> 近年来,我们对分工这样一种重大的文明的发明开展了很多研究,并使其完善。可是,我们只是给了它一个错误的名称。说真的,被分割的不是劳动,而是人。人被分割为区区碎片。生命被粉碎为微小的片段与碎屑。(《威尼斯的石头》)

从威尼斯颇具代表性地构建了美丽都市景观的建筑群的艺术评价开始,解读建筑所体现的精神,将视角置于其背后的"自由的工匠的生命流露",由此罗斯金搬开了对工匠的创作活动而言的绊脚石,并埋头于克服这一问题的经济学研究之中。

他在经济学上取得的最大成就是独特的本源价值或者说固有价值论(instrinsic value)。

罗斯金认为,固有价值第一需要关注的是维持人的生命的财产的有用性,第二关注的是丰富了人的精神的财产的艺术性。他把生产出"有用性与艺术性"的人的活动样式,称为生存的喜悦的表现 opera(拉丁语意为"工作"),以此区别于受人命令而做苦役的活动 labor(拉丁语意为"劳动")。

接着,对于将固有价值作为有效价值而进行评价的消费者享受能力的形成提出了课题。

罗斯金将资本主义勃兴期的雇佣工人的状态理解为"奴隶状态"的痛苦,评论其是创造哥特式建筑的工匠的生命光辉——"工作"——的对立物。

为了取代在资本主义货币经济之下成为买卖的对象、成为为了生存的痛苦的"劳动",从而恢复"生命与自由的象征"的"工作",罗斯金对圣乔治公会(St George Guild)①实验寄予了期望。

遗憾的是,这个尝试没有结出成功的果实。但是,它开创了工会运动的先河。它试图克服货币经济的压力,通过固有价值的生产与消费,促进生产者的创造性活动与消费者的享受能力的形成。

同时,罗斯金对威尼斯的哥特式建筑、提香的天花板壁画等优秀的绘画与雕刻艺术品的保护做出了积极的努力。

今天,对于他的固有价值论的重新评价越来越受到关注,正是这一理论,对后来成为历史都市的景观保护运动及自然景观保护的国民托拉斯制运动(National Trust)②提供了先驱性的理论依据。

---

① 圣乔治工会(The Guild of St George),是一个慈善教育信托机构,总部设在英国,在世界范围内都有会员,它努力维护其创始人约翰·罗斯金的价值观并付诸实践。

② 国民托拉斯制,为了保护自然,保存历史建筑物,从国民广泛吸收资金,获得土地而进行管理的办法。原本是 1895 年出于同一目的成立的英国民间团体的名称。

莫里斯的美术工艺运动

自视为罗斯金弟子的威廉·莫里斯①未能完成的"通过艺术恢复被异化的劳动"的社会实践,也就是通过美术工艺运动制作设计精美的壁纸与咖啡杯等,对日本社会产生了很大影响。1996 年,为纪念莫里斯逝世 100 周年,世界各地举办了展览会。

那么,这位集诗人、工艺家、社会改革家于一身的莫里斯,究竟是怎样继承了罗斯金的思想,又是怎样将其发展的呢?

莫里斯将建筑视为"综合艺术",同时将雕刻与绘画、建筑称为"大艺术(the great arts)",另一方面,将"把日常生活中身边的东西变美"的艺术称为"小艺术(the lesser arts)"。

这原本是网罗了住宅建设、涂饰、拉门隔扇、木工、锻冶、制陶、玻璃制作、纺织品等在内的一大产业,但是却被分离为大小艺术,令他感慨万千:"小艺术成为不值一提、机械工作中缺乏智慧的东西","大艺术不过是一小撮懒惰的富人的无意义的虚饰物品,就是一种玩具而已",二者变成了毫无生气的东西。为了解决这个问题,就必须将二者结合起来。

大小艺术的分离导致艺术衰退,这正是商业主义横行的结果。洞察到这一点的莫里斯认为,人应当实现自我的理想,于是在 1861 年与几个志同道合的朋友一同成立了莫里斯商会,实践

①　威廉·莫里斯(William Morris, 1834—1896),19 世纪英国设计师、诗人,早期社会主义活动家,自学成才的工匠,拉斐尔前派的重要成员。

了彩色玻璃、壁纸、织物、挂毯、染色、家具等所谓装饰艺术的制造
与销售。

这个时期的莫里斯正作为设计师大显身手，与工匠们制作出
许多工艺作品。

另一方面，他的关心又扩大至艺术活动与都市环境。以"把
日常生活中身边的东西变美"的小艺术复兴为目标，莫里斯倡导
要同时保护艺术生活空间与美丽的都市环境。

例如，他提出了某种"田园都市"的理念：确保维护居民利益
的公共空间、将工厂污浊的后院改建成美丽的庭园、祛除烟雾污
染、清扫通道、建设工人居住的住宅、控制都市人口的合理化、维
持都市与田园之间的平衡、保护田园般的郊外等。当时，伦敦、
曼彻斯特、利物浦等产业都市，人口急速增长，工厂废弃物排放
导致大气污染、水质污浊；更糟糕的是，朝着由劣质的工人住宅
群构成的非人类都市空间方向堕落。所以，他强调都市必须
转型。

另外，在1877年古建筑保护协会创建之际，莫里斯尖锐地批
判了当时将中世纪的教会建筑进行"修复"的潮流，因为过分拘泥
于古希腊样式而大量制造出失去了原型生命的复制品。

对于缺乏精神而只有机械地对哥特样式模仿的风行，莫里斯
向社会呼吁，应当回到他从罗斯金那里学到的工匠自由精神的产
物——"哥特式的本质"。

大约在1883年的时候，受马克思《资本论》的影响，莫里斯将
罗斯金提出的"恢复创造性工作"的课题置于马克思通过对资本

主义社会的彻底批判而展开的社会变革的讨论中。

吸取了罗斯金提出的工作 work 与劳动 labour 的区别,莫里斯认为将劳动变得有魅力的条件是,"缩短劳动时间及有意识地将劳动变成有意义的东西,除了理所当然伴随的多样性之外,要将劳动变得有魅力还有一个必要条件,那就是愉快舒适的环境。"

就这样,为了实现罗斯金倡导的固有价值,莫里斯甚至还考虑了马克思主张的必须从根子上对资本主义体制进行变革的问题,但是二者之间并非单纯地结合,而是以艺术活动等创造性活动为轴心,将"劳动的人性化"与"生活的艺术化"相结合进行讨论,这是他的独创性。

如上所述,罗斯金与莫里斯尖锐地批判了在机械化大工业覆盖了全世界,大量生产=大量消费的体系驱逐了工匠的工艺性生产的环境中,近代化过程将以往在地域社会中一直作为一个整体存在的产业与艺术文化进行了切割,使得二者变得毫无关联。罗斯金与莫里斯尝试着将其重新结合在一起。

诚然,在功利主义经济学盛行之前直到最近,经济学界很久都没有人去回顾这一点,不过,在将美术·工艺运动推广至全世界而产生了巨大影响的同时,在都市计划与地域计划等方面都可以看出他们的"文化经济学"的影响。

芒福德的"城市文化"

在罗斯金的艺术经济学与赫胥黎的进化论的影响下,帕特里克·格迪斯①撰写了《进化中的都市》②一书。受其启蒙影响的芒福德,在纽约市立学院学习了都市计划学,发表了处女作《乌托邦物语》,此后还出版了《城市文化》③《历史的都市,明天的都市》等诸多专著。

其中,在被视为都市论的经典《城市文化》一书中,他对"都市"做了如下定义。

> 在完整的意义上,都市是地理性网络、经济性结构体、制度性过程、社会性活动的剧场,是集中统一体的美的象征。一方面,它是共同的家庭活动、经济活动的物理性框架;另一方面,它是具有人类文化意义的活动与升华了的行为的有意识的舞台装置。都市,在培育了艺术的同时,也是一门艺术;都市,在建造了剧场的同时,也是一座剧场。人类那些更有目的的活动——这些活动与人类、事件、集团等或竞争、或合作,借此逐渐形成且达到意义深远的顶点——无不是在都市中,在作为剧场的都市中实现的。④

---

① 帕特里克·格迪斯(Patrick Geddes,1854—1932),苏格拉学者,生物学家、教育学家、社会学家、城市规划理论学家。
② *Cities in Evolution*:*An Introduction to the Town Planning Movement and to the Study of Civics*,1915。李浩译:《进化中的都市》,中国建筑工业出版社 2012 年版。此处为译者根据日文版翻译。
③ 宋俊岭、李翔宁、周鸣浩译:《城市文化》,中国建筑工业出版社 2009 年版。
④ 此处为译者依据日文版翻译。

如此,他所定义的"都市",是作为家庭性、经济性活动共同的框架(=基础建设)与文化性活动的剧场相统一的"容器",也就是说,从"功能性与艺术性"的双重性格进行定义;而在"容器"中发挥的功能则被视为"文化的储藏、传播与交流、创造性附加功能——这才是都市最本质的功能",简而言之,将都市定义为"作为文化个体化单位的地域"。这里面可以看出罗斯金的固有价值论的影响。

接着,芒福德对格迪斯的都市发展学说进行了修正,展开了他著名的"都市的发展与衰退的轮回说"。

即在第一阶段的"原始都市(Eopolis)",村落兴起,积累了经济性、文化性能量。在第二阶段的"都市国家(Polis)",解放了自由的能量与自由的时间,社会性分工开始发展,文化积淀增加。

然后,在第三阶段的"中心都市(Metropolis)",世界贸易发达起来,经济竞争激化的同时,通过与不同文化的接触,文化性能量得到最大限度的释放。

但是,在第四阶段的"巨型都市(Megalopolis)",开始出现衰退。资本主义工业化的进展将都市全面变成赚钱的空间=金钱性营业空间,随着垄断资本主义的形成,出现了以纽约为代表的少数巨大都市圈=巨型都市,那里成为金融机构、官僚机构,以及大众媒体聚集的政治、经济、文化"三位一体"的统治中枢。在此,芒福德深刻地批判道:"艺术、文学、建筑、语言领域中的文化性产物,几乎都按照金钱的角度标准化了。机械生产替换了独创性的艺术,巨大替换了形式,量的大小替换了意义。"(《城市文化》)

他简直就好似看见了现在的世界都市纽约与东京。

另一方面,地方都市单方面地被巨大都市的文化、经济要素所引诱,成为集聚了工厂与工人住宅的单纯的"工厂都市",附属于巨大都市。

小城市被吸附于巨大都市的网眼之中,模仿着巨大都市的恶习。而且,小城市不具备大都市中尚且留存的学问与文化的社会制度,因而坠入愈发低级的水准。

也就是说,他提出了警告:地方城市成为巨型都市的仆人,被置于非文化性的野蛮状态之中。在此,他好像目睹了现代日本众多的地方都市演变成"工厂都市",并成为对世界都市文明毫无批判意识的享受者的模样。

于是,在第五阶段的"专制都市"中,在巨型都市中游离于生活之外的消费文化削弱了市民的活力,而都市自身的庞大规模则导致了官僚机构的臃肿,向专制都市(Tyrannopolis)堕落。自治体与国家破产,艺术与科学停止了创造。

最终到达第六阶段"死城"(Necropolis)。

然后,在都市的废墟之上重新出现城邦(Polis)。这就是他说的"都市轮回"说。

那么,怎样才能让都市获得重生呢?

芒福德说:"重建中心都市的一切努力,都必须是对中心都市经济的基础形态的叛逆。反对人口增加，反对因密集而增加机械性便利，反对都市地域不断扩大，反对难以操控的巨大性和不合理的'伟大'。"（《城市文化》）作为都市重建的基本思想，他提倡要从"以销售与利润为目的的生产把握主权的货币经济"向以"以消费与服务优先的生命经济或生物技术经济"转型。

在生物技术经济的背景下，消费是为了维持及提升生命。在此，质量标准是最为重要的。"生活"这一词语绝不是虚无缥缈的东西，它意味着作为生育与育儿、健康与充实的生活维系、人格的培育等一切活动的舞台的自然与都市环境的充实。

相对于货币经济扩大了机械的功能，生物技术经济扩大了专业服务的功能。收入及可使用的能源的大部分都用于扶持艺术家、科学家、建筑家与技术人员、教师与医生、歌手、音乐家、演员。这种变化，在上一个世纪里切实地发展着，而其趋势亦可通过统计进行证明。但是，其意义尚未获得普遍理解。……另外，它还带来了另外一种可能性，另外一种完全不同的必要性。即，不仅改善生活条件，而且为了有目的地创造和利用社会遗产而进行世界性的都市重建。（《城市文化》）

在此，如果将芒福德的词汇从"机械"替换成"投机赚钱"，就会令人震惊地发现他对现代世界都市的病根一言中的。

为了世界性的都市重建，从"金钱至上经济"向"提高人的创造性的经济体系"转型，将成为一个紧迫的课题。芒福德说，"都市的文化,归根结底是一种高度的社会表达的生活文化",并总结道:"国土计划与都市计划的任务,在于创造一个能够维系更为丰富的人类文化与更为充实的人类生活的地域,对所有类型的性格、气质、人类的情感都给予一个安息之地,创造并保存一个呼应人类深层的主观需求的客观场所。"

以上就是对继承罗斯金与莫里斯的文化经济学之后,完成了自己独特的都市论的芒福德"重建一个能够充实人类创造活动的都市"这一思想成果的观察。

"创意都市论"的两个谱系

在考察"创意都市"论的谱系时,我认为有两个途径。

第一个是撰写了一部很独特的书名为《城市与国家财富》①的美国都市研究者简·雅各布斯②女士提出的"创意都市"的言说。

在亚当·斯密的经典《国富论》③的启发之下,她强调实现创意都市经济才是国民经济发展的前提。

在此,雅各布斯关注的并不是纽约、东京之类"世界都市",而是意大利中部的中等规模都市博洛尼亚(Bologna)和佛罗伦萨(Firenze)。

---

① *Cities and the Wealth of Nations*,New York:Random House,1984;Harmondsworth:Viking,1985。金洁译:《城市与国家财富》,中信出版社 2018年版。
② 简·雅各布斯(Jane Jacobs,1916—2006),美国著名城市规划师、作家,著有《城市经济学》《分离主义的问题》《城市与国家的财富》《生存系统》。
③ *An Inquiry into the Nature and Causes of the Wealth of Nations*。

她深受《第二次产业分工》①的著者查尔斯·萨贝尔(Charles Sabel)研究的影响,该作者认为在这些地域中集聚的某些特定领域的中小企业群擅长创新,保持了灵活运用技术的高度的劳动质量,促进了生产系统时代里普遍存在的市场、技术和工业社会等级结构的划时代重组。

于是,雅各布斯对这些都市的主角——被称为工匠企业(请参看第二章"2 博洛尼亚的'匠人企业'与灵活的专业化")的微型企业的网络型集聚所体现出的"巨大的小型企业群、共生关系、工作场所移动的便利性、经济性、灵活性、高效率、优良的适应性"表示惊叹,将其特征确定为:通过进口替代而获得自我发展与创新、即兴创作(临机应变的改善,improvisation),具有经济上的自我修正能力,或者说是"自由修正型"经济。

所谓进口替代,指的是向其他地域学习先进技术,将其吸收为自己的技术体系,在加强与其他产业的关联性的同时,优先发展地域内市场的一种方式。所谓即兴创作,指的是如同爵士乐的即兴演奏一般,随着条件的变化能够迅速做出灵活应对的能力。

她说:"在这些密集的共生的小型企业群当中进行观察,令我感受到划时代变化的力量,以及令人惊异的事实,一切都是创意都市固有的东西。"她认为,即便是小企业,也可以作为共生的小型企业群实现大企业尚且不能完成的"自由修正型"经济,是继大量生产体系之后到来的划时代的变化。

---

① *The Second Industrial Divide*:*Possibilities for Prosperity*,New York:Basic Books,1984。

如此,可以说,雅各布斯所理解的"创意都市"充满了"去大量生产"时代的灵活性,是创新的"自由修正型"都市经济体系的都市。

对此,查尔斯·兰德利[①]与弗兰克·比安基尼于1995年合作了《创意都市》。接着,2000年兰德利的专著《创意都市》[②]出版,此外,彼得·霍尔教授[③]的巨著《文明中的城市》[④]于1998年出版。

在欧洲社会,制造业是最早衰退的产业,青年失业者增多,一直以来采用的福利国家体系面临着财政危机。因此,这些著作在对福利国家的重新审视中,思考如何从国家的财政支持中独立出来,探寻新的都市发展方向。在此,兰德利等人非常关注欧洲都市的尝试,对其利用艺术文化的创造性能量诱发出社会潜能的经验进行了总结,意图对"创意都市"进行理论化整理。

尤其是德国的克劳斯·昆茨曼[⑤]等人着眼于艺术活动所拥有的"创造性",认为只有自由且具有创造性的文化活动与文化基础

---

① 英国城市规划专家、创意产业专家。

② *The Creative City:A Toolkit for Urban Innovators*,London:Earthscan,2000。

③ 彼得·霍尔(Peter Hall,1932—2014),英国城市地理学家,英国科学院院士,国际城市规划领域著名学者。

④ *Cities in Civilization*,London:Weidenfeld,1998。王志章等译:《文明中的城市》,商务印书馆2016年版。

⑤ 克劳斯·昆茨曼(Klaus R. Kunzmann),德国多特蒙德工业大学教授。1990年代表北莱茵-威斯特法伦州经济部开展"创意经济对区域发展的潜力研究"以来,始终致力于创意城市的研究,已与他人就文化和创意对城市发展所起的作用合作出版了多本书籍。

设施充实的都市,才会拥有擅长创新的产业,养成应对解决困难课题的"创造性地解决问题的能力",提出"其连锁反应将改变既有体系"之假说。

> 对于都市的创造性而言,最为重要的是在经济、文化、组织、金融等所有领域内创造性地解决问题,以及其连锁反应接二连三发生后,能够改变既有体系的流动性。作为创造性地解决问题的要素,可以列举人、创意技术、环境(信息与交流的体系、文化及艺术的多样性、教育体系、刺激性的环境、社会安全、消除骚动与不安)等因素。(昆茨曼等著《关于创意都市中文化基础设施与文化活动的重要性》)

在他们的研究中,将擅长产业创新与即兴创作(即兴演奏式改良)的都市称为"创意都市";受简·雅各布斯的影响,认为"创造性"比起空想及想象都来得更切合实际,位于知识(intelligence)与创新(innovation)的中间,并将其定位为"连接艺术文化与产业经济的媒介"。

在传统的都市经济基础重构之际,创意都市文化与文化政策发挥了怎样的功效? 作为新都市型产业的 IT 与大众媒体产业等创意产业,是如何激活了整个都市经济的? 基于这些问题意识,持续开展都市比较研究,阐明都市经济与创造性艺术活动之间的内在关联,已成为今后的研究课题。

如同呼应欧洲的新动向一样,美国 2002 年出版了理查德·

佛罗里达教授①的著作《创意阶层的崛起》②。他对现代经济的新主力军"创意阶层"给予了关注，认为地域再生的关键不是工厂招商，而取决于如何吸引他们。他将科学、艺术、设计、娱乐等职业称为"创意阶层的中心"，将其周边的管理、法务等各种专业职业作为"创意专职人员"；二者合计人数超过美国整个社会的三成。创意阶层喜好居住的都市或地域的特征可以用三个 T 来表示——人才（Talent）、技术（Technology）、宽容性（Tolerance）。所谓宽容性，指的是能够接受具有古怪的新奇生活方式或者想法的人，对指数之一"同性恋者（gay）指数"给予了关注，并举出其代表都市为洛杉矶、奥斯汀③等。

"创意都市"究竟是怎样的都市？

根据上述对创意都市的理论谱系的整理，可以这么定义："所谓创意都市，是基于人自由发挥创意活动，在文化与产业领域富于创造性，同时去摆脱大量生产的创新而又灵活的都市经济体系的都市。"因此，这种创意都市也是"对于在 21 世纪人类面临的全球环境问题、地域性的地域社会的课题，能够提供丰富的创造性解决问题的'创意之家'的都市"。

---

① 理查德·佛罗里达（Richard Florida），马丁繁荣研究所的主任，多伦多大学罗特曼管理学院商业与创意力教授。他是创意阶层集团和华盛顿特区全球智库的创始人。
② *The Rise of the Creative Class*，2002。司徒爱勤译：《创意阶层的崛起》，中信出版社 2010 年版。
③ 美国得克萨斯州首府。

我们想探讨的是,将上述两种路径进行进一步的交流。那么,不仅是产业政策或文化政策,在福利领域内,通过工会或非营利组织与公共部门之间努力地协作和合作,将提供一个提高居民的自发性及创造性的"创意之家",由此创造性地克服财政危机,重新构建"新分权的福利社会"。

这是因为NPO、工会等组织抑制了过度营利主义及官僚主义,扩大了人们"创造性工作"的领域,今后更值得期待。

在下一章,我将择取雅各布斯口中的"创意都市"——意大利的博洛尼亚市来作为典范,看看在产业、文化、福利领域内,博洛尼亚市是如何实验性地开展激发居民创造力的都市政策的。

1999年,《地方分权一括法》施行。

尽管被批评为"未完成的分权改革"(西尾胜),日本的地方自治掀开了新的一页却是不争的事实。期待全国的自治体与居民一起创造性地实施自己的政策。

此外,另一方面,在20世纪90年代"失去的十年"[①]之间累积下来的公共部门的财政赤字达到了不可收拾的地步,以往完全依赖于中央政府财政拨款的公共事业,现在已难以为继,必须谋求地域自治。

可以说,眼下正是通过"创意都市"激发"居民的创造力"、克服"国家破产"的危机、踏出建构新分权型福利社会第一步的历史转折点。

---

① 指的是日本在泡沫经济崩溃后,自1991年开始到2000年代初期的长期经济不景气阶段。

第二章
创意都市博洛尼亚的邀请

被美国著名的都市研究者简·雅各布斯称为"创意都市"的博洛尼亚,再一次受到全世界的聚焦。

其原因在于,博洛尼亚的都市行政提供了解决意大利政府巨额财政赤字的启示。

1990 年,当时在发达国家中,意大利财政赤字的 GDP 占比是最严重的(如图 2-1 所示)。但是,10 年之后的 2000 年,意大利却成功地取得了财政重建的成就。然而,作为反面例子,在同一时期,日本因为泡沫经济崩溃,以及之后景气对策的失败,导致日本变成先进国家中财政状况最恶劣的国家。国债发行余额 350 兆日元,达到了一般会计税收的 7 年半的份额、GDP 的 7 成之多,可看齐 1940 年太平洋战争爆发之前的水准。

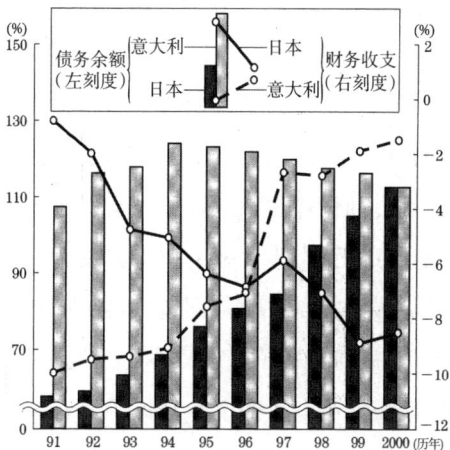

图2-1　日本与意大利的财政收支及债务余额的 GDP 占比
注：依据 2000 年 6 月发布的 OECD 的 economic outlook。

　　另一方面，意大利政府从称得上是"国家破产"的状态中获得
重振的契机，是因为其在解决 EU 经济统一及欧元引进条件的
"外部制约"的背景下，断然实行大胆的行政财政改革；以博洛尼
亚为范本，激发"地域之力"的形式，推进公共事业的削减，以及福
利服务的部分民营化。

　　也就是，对受黑手党支配而成为效率低下、政治腐败温床的
中央政府所推进的大型公共事业进行了大刀阔斧的改革，同时，
断然实行产业政策分权化，将权力下放给州政府及地方自治团
体，激发了地域中小企业的"企业家精神"，通过"社会工会"这种
新型合作伙伴关系来提供一部分福利服务，通过市民参与实现了
财政效率化。

以原博洛尼亚大学经济系主任罗马诺·普罗迪为先导,博洛尼亚市民创建了"橄榄树"联盟。其与瓦解的苏联社会主义模式划清了界限,迈出了一条与市场万能的全球化相抗衡的"第三条道路";其发挥的政治性领导作用,影响了英国、德国、法国等国家新左派政权的诞生。值得注意的是,不仅是产业政策,而且在文化、福利等领域,通过工会、非营利组织与公关部门之间的协作、合作关系,提高了居民的自发性与创造性,创造性地克服了财政危机,创造出超越"福利国家"的"分权型福利社会"的具体形象。

一直以来,博洛尼亚市在都市景观保护上所做的努力,以及通过引进地区居民评议会而试行分权化等举措,都获得了高度评价。具体而言,本章将考察被誉为"创意都市"的博洛尼亚市在产业、文化、福利等领域内,如何将居民的创造力激发出来的社会体系的先驱性。

1 匠人、大学与柱廊①之城——博洛尼亚

马克·卡萨格兰德先生是博洛尼亚最古老的镂金宝石工坊的传统工匠。在继承了父亲的工作之后,大约 40 年间,他在这个城市的中心,市政厅正对面的马焦雷广场②相邻的市场内开办了一个工作室,与见习助手、妻子、母亲 4 人,按照顾客的喜好制作

---

① Portico,柱廊,门廊。

② Piazza Maggiore,博洛尼亚主广场。

并销售戒指与吊坠等饰品，同时也追求新的造型表现，创作造型艺术作品，参加了各种展览会。

凭借着熟练的技术与丰富的感性，马克·卡萨格兰德先生创作出杰出的作品，在工匠伙伴中获得了深厚的信任感，被称为"巨匠"的他担任了工匠企业联盟传统产业部门的博洛尼亚支部部长。"卡萨格兰德"①在意大利语中的意思是"大房子"，不过他的工作室绝不是很大的厂房，只不过是日本公寓三室一厅的规格。

建筑物非常古老，有 500 年的历史。但是，这种程度还不能列入博洛尼亚特别古老的那类。因为在这个城市里，若说古老，则有建造于 11—12 世纪，至今都保存得特别完好且今日依旧在使用的建筑物。这是因为市民达成了协议，要保护这些用当地的泥土烧制而成的独特的红茶色砖头建造起来的房屋；保护家家户户的房檐延伸到街道上，将整个城市如同回廊一般毫无间隙地连接起来。这就是市民决议的完美保护"都市计划"。

根据 1985 年通过的"都市计划"，对所有的历史街区的建筑物都进行了详细的调查，规定了 6 个阶段的保存修复义务。最为严格的是，诸如宫殿、教堂等具有高度历史保存价值的建筑物，包括建材在内都成为"科学性修复"的对象。

马克先生的工作室所在的那栋建筑，因为文化价值略低，所以是第三阶段的"环境改善及保守的类型复原"的对象，内部虽然改造为现代风格，但结构并没有改动。

---

① Grande casa。

在马克先生的导览下,我一边拜访他的匠人伙伴们的工作室,一边徜徉于被称为历史街区的中心街道。首先从市政府斜对面的圣彼得罗尼奥大教堂开始游览。这座教堂自建造起已历经600余年,却仍未完工,正面的上半部分没有铺设大理石,也没有完工后应当有的拉丁十字形的两翼。其原因在于,很多市民对中世纪意大利大肆行使威权的罗马教皇持有批判态度,梵蒂冈中途中止了建设资金。从那时起,这里就成为市民们引以为豪的"反权力的自治的城市"。教堂的旁边就是马克朋友经营的康美恰恩堤艺术酒店。

就在最近才刚刚按照"都市计划"的规定完成了建筑物的修复,开始重新营业。虽然外观与结构都维持了原样,内部却非常精美。特别是门厅与餐厅的壁画都精彩地复原了。像这种修复建筑物或美术品的"restauro"①就是马克的匠人朋友们的工作。意大利拥有众多这种成为保护对象的文化遗产,创造了巨大的雇佣市场。

在城市地标"双塔"的南侧,商工会议所大楼上象征着匠人与商人的浮雕,给人留下了深刻的印象。现任会长是马克的友人让·卡鲁克·桑加利,他同时也是匠人企业联合会的领导,这体现了这座城市的经济主角是小型匠人企业群。

隔着塔通往艾米利亚大街的大道上,银行、电影院、百货商店鳞次栉比,拥有大量学生的博洛尼亚大约建造了50家电影院。

---

① 艺术修复,这是意大利都市及建筑保护与再生的一种实践性方法。在保护及修复的意义之上,赋予了创造的意义。

走进塔边上的小巷里，可以看见一间石版画（lithograph）印刷工作室，旁边是一家花店，挨着花店的是陶艺工作室；而在小巷深处，一栋住宅的二楼是皮革工作室，三楼是宝石加工工作室。这一切都让人明白，在古老的砖造房子里，至今还活跃着各种各样的匠人工作室。

"这座城市，虽然没有佛罗伦萨那般华丽，但射入柱廊的光的阴影构成了独特的造型，这种美感得到了市民的认同，培育了匠人的感性。"就像马克说的那样，博洛尼亚古老的街道中充满了匠人的感性。

从"双塔"沿着桑伯尼大街向着圣多纳特门走去，两侧便是博洛尼亚大学。自创办之初起便位于市中心位置的这所大学，是11世纪后半叶成立的世界上最古老的大学之一，1988年刚刚举办了900周年校庆。与稍后创办的以神学为中心的法国巴黎大学形成对照的是，博洛尼亚大学的法学教育具有极高的实用性，吸引了欧洲各地的学生前来求学。

法学研究之所以在博洛尼亚兴盛，与11世纪中叶起逐渐活跃起来的都市经济活动具有密切关联。沿着亚平宁山脉，波河①流域广袤的平原形成了肥沃的农业带，作为其中心都市，博洛尼亚集聚了农作物、奶酪等产品，食品工业与纤维产业等便发展了起来。为了顺利推进商业贸易的社会规则，新的社会需求摒弃从前占统治地位的日耳曼法而恢复并普及罗马法。像这种既能够对社会提供有用的技术，又能开展教育事业，正是都市中诞生大学的

---

① 横穿意大利北部，是意大利国内最长的河流，流入亚得里亚海。

缘由。

与后来的巴黎大学是"教师的大学"相反,博洛尼亚大学还有一个特色,它是作为"学生的大学"起步的。也就是说,学生自发组织团体,推选领袖为校长,与教师签订授课时间及学费合约。据说其中还包含了教师旷课需承担罚金的内容。

这种自主团体用拉丁语说是"Universitas",后来成为英语"大学"(university)的词源。"都市与大学"的关系在之后虽然发生了各种各样的变化,但相互之间依旧产生着重要影响,"Universitas"所代表的"自治的精神"广泛渗入博洛尼亚市民的日常生活之中。

白天的大学里到处是年轻的学生们,对面是有着美丽柱廊的歌剧院和市民剧院;到了夜间,歌剧爱好者们便会蜂拥而至。

昔日活跃着威尔第、罗西尼等人的博洛尼亚歌剧,以现代的方式演绎传统作品,获得了高度赞誉。近年来,他们也常常来到日本演出,广受好评。

歌剧院的边上是制作小提琴、中提琴,还有古典乐器鲁特琴的乐器工作室,沿着道路稍微走一会儿,就能看见一条狭窄的运河穿过住宅区的背部。这是波河的支流雷诺河,流经整个都市。在 16 世纪,博洛尼亚作为"丝绸都市"而繁荣的时代里,雷诺河承担了水运的职责,还为分布在都市中的纺织工厂提供动力能源。由于长久以来被弃之不理,污秽不堪;如今,将其作为近代产业遗产,治理为亲水空间。

这一带,到了周末就会举办露天市场,挤满了市民。拥挤不堪的摊铺的尽头,静静地伫立着太阳剧场(阿莱娜・德尔・索雷)。

"阿莱娜"指的是没有屋檐的椭圆形剧院,这令人联想起因罗密欧
与朱丽叶而闻名的维罗纳的阿莱娜①。不过,这座城市的阿莱娜,
是曾经被废弃,如同废墟一般的剧院,1955年才重建为拥有大小
两个音乐厅的现代剧场,委托"新景象"戏剧联盟工会运营。前卫
的现代戏剧与舞蹈等各种类型的演出,深深吸引了年轻市民。

　　沿着市政厅前面的马焦雷广场放射线般的道路中的任何一
条街步行,大约四五十分钟,都会到达包围了历史街区的城墙。
虽然城墙现今只留下了一部分,变成了外周的道路,不过还是保
留了几个城门。一脚跨出城门,呈现于面前的是第二次世界大战
之后建造起来的较新的中层住宅群,建筑物的颜色与历史街区统
一为同色系,非常美观。

　　直至20世纪60年代,博洛尼亚还在为工人阶层建造集体住
宅与大型超市。但是当历史街区表露出衰退迹象后,郊区开发方
针发生了改变,也就是将行政的重点放在"历史街区的保护与再
生"上,这就是著名的博洛尼亚方式。

　　在城墙外广袤的住宅区与周边农村之间的交界处,出现了很
多高科技的匠人工作室及中小型工厂群。就像日本的产地一般,
这些中小企业群都属于同一行业,生产特定的产品群,形成了"产
业地区"。博洛尼亚集聚了拥有创新技术的包装(package)机械制
造企业,因此效仿美国硅谷,被称为"包装谷",其高度的竞争力吸
引了全世界的目光。

---

① 位于意大利东北部,建造于公园1世纪,古罗马时代的圆形竞技场。现在每
年夏天都会在郊外公演歌剧,2000年以维罗纳市的名义登录世界文化遗产。

2 博洛尼亚的"匠人企业"与灵活的专业化

"第三意大利"的"产业地区"与匠人企业

作为想要通过地域建设，将深受产业空洞化及金融危机之苦的日本经济社会重建起来的楷模，近年来，意大利的中小企业及产业地区受到了极大关注。其中最为引人瞩目的地带是以博洛尼亚为中心，包括佛罗伦萨与威尼斯在内的三个都市所在的中部意大利。

以往，意大利的经济发展分为两大块：一个是以米兰、都灵、热那亚的三角地带为中心的北部意大利，是大企业集聚的地带；另一个是拥有巴里、塔兰托等石油联合企业的工厂招商经验的南部意大利"分工厂"地带。但是，在20世纪70年代经历了两次石油危机之后，位于意大利半岛中部，集聚了众多中小零散企业，以托斯卡纳州、艾米利亚·罗马涅州、贝奈特州①、马尔凯州②为中心，被称为"第三意大利"的地域经济发展显著。

例如，如图2-2所示，在威尼斯近旁的特雷维索③，有贝纳通三兄弟创立的贝纳通在女装及儿童服饰等领域快速发展；在佛罗

---

① Veneto，位于意大利东北部。
② Marche，位于意大利中部亚得里亚海沿岸。
③ Treviso，意大利北部城市，属于威内托州，特雷维索省省会。

伦萨周边,有世界著名的普拉托①纺织品"产业地区";在博洛尼亚
周边,集聚了机械工业,有制造跑车法拉利零件的中小企业群、赛
车型摩托车制造商杜卡迪②、各种包装机械制造商等,形成了非大
量生产却独特的高品质产品制造的"产业地区",在全球竞争中,
不惧面对世界市场的各种问题,十分活跃。

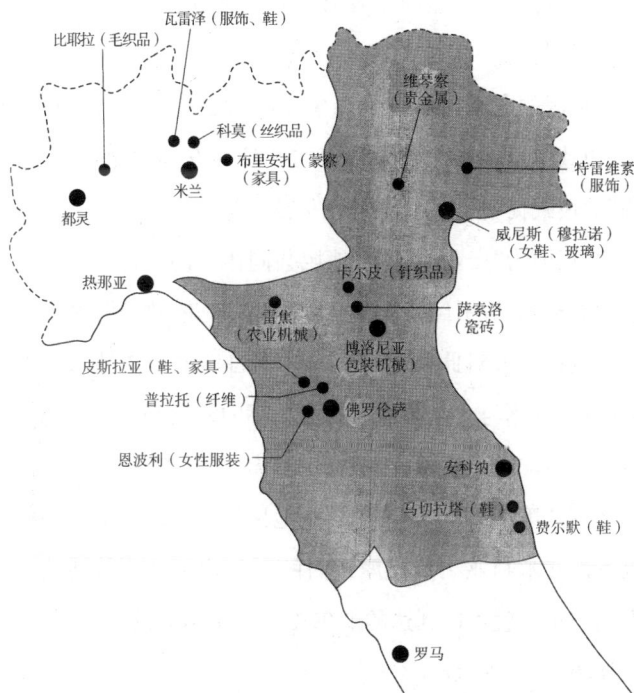

图2-2 意大利"产业地区"(网线部分即"第三意大利")

① Prato,位于意大利托斯卡纳州西北部。
② 成立于1926年,是一家意大利摩托车生产商,总部位于博洛尼亚,其产品
由于卓越的性能,以及意大利特色的设计而闻名。

意大利"产业地区"的特征在于:第一,无论是室内装饰、时尚产品等消费产品,还是机床等生产产品,特定领域的产业形成区域性集聚。第二,形成区域的企业,虽然几乎都是中小零散企业,但其凭借自有技术,发展了区域内的分工,相互之间又构成了横向网络,进行产品制作。在这一点上,可以说大企业都做不到。第三,倚靠支持中小企业的州政府或自治体建立起支持系统,实现了有效运作。

各个地区的中小企业一边共享着产品制造所必需的技术及信息,一边致力于多样化及个性化的产品开发,以"相互竞争,相互协调"的模式促进了整个地区的发展。

如此,正因为"产业地区"与地域共同体之间保持着密切关联而迅速发展起来,援引经济学者马歇尔①的理论,佛罗伦萨大学的贝卡蒂尼教授等人对此做了定义:是"在自然的历史性形成的地区,地方自治团体与企业群生气勃勃共存的社会经济一体化",并对其能动的活动样态进行了研究。

那么,在"第三意大利"的"产业地区"普及了何种生产体系呢?以下以艾米利亚·罗马涅州内的卡尔皮为例。从博洛尼亚开车大约一小时就可以到达的卡尔皮是一个繁荣的针织品"产业地区"(如图 2-3 所示)。

针织品之所以能够成为卡尔皮的特产,起源于农民的副

---

① 阿尔弗雷德·马歇尔(Alfred Marshall,1842—1924),近代英国最著名的经济学家,新古典学派的创始人,剑桥大学经济学教授,19 世纪末和 20 世纪初英国经济学界最重要的人物。

业——女性编织麦秸帽子。编织麦秸的技术被应用于编织纤维产品,从而发展了起来。

目前,该地区人口 6 万人,拥有大约 2000 家企业,工作人员平均到每家企业只有 5—6 人,都是很小规模的企业,但是却搭建了各自的网络,开展活动。■表示独立的生产厂家、制造商,他们向◆分包商订货,生产产品。●表示与设计师共同开发原创品牌,并面向市场销售的被称为"变流器"(converter)的企业。

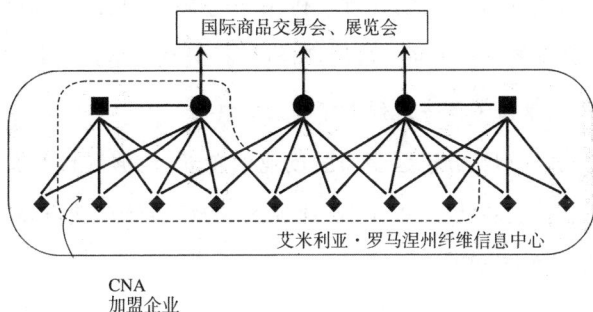

图 2-3　卡尔皮"产业地区"的结构

艾米利亚·罗马涅州纤维信息中心(CITER),是由州政府与产业地区的大约 460 家企业出资建设的第三部门①。仅仅依靠小型企业去收集前沿的时尚信息、技术信息能力有限,因此,由该中心收集全世界的信息并进行分析,对下一个季节的畅销商品的开发给予支持,扶持产业地区的小型企业。

在日本,像这种机构中的职员大多由上级任命,或者是一些

———————

① 指国家或地方公共团体(第一部门)与民间(第二部门)共同出资的事业体。

退休人员赴任。经常看到气派的设施或建筑,却往往没有发挥作用。但是,在艾米利亚·罗马涅,除了专职的匠人20人以外,还拥有外部顾问50人,向注册会员的零散厂商普及切实有效的信息。承载了当地未来希望的时装学院的学生们也在这里通过实习(上学期间的现场进修),学习了纤维产业的实际内容。

例如,在日本的产地,由大型综合商社控制了国内外的流通,在"企业城邑"中渗透了以大企业为顶点的系列化①,分包商呈现出金字塔式排列。但是,在意大利,中小企业各自独立,缔结成星型或模具型的贸易关系。虽说是分包商,但也不是大企业的专属关系,因而维持了自主选择工作的独立性。

因此,最初从分包起步而后创业的企业,能够轻松开发本公司的产品并发展壮大,整个"产业地区"的社会流动性很高,充满了"创造性的氛围"。

匠人的"创造性工作(Opera)"

在意大利,将制造业领域内不足22名职员、传统产业领域内不足40名职员的小型企业称为"匠人企业",其中不仅包含意大利传统强项宝石及美术工艺领域,还有现代尖端高科技机器,以及时尚、装饰、家具等多个领域。对于匠人企业的活动,州政府及

① 企业系列,表示多个企业在通常的交易关系之外,资本与生产相互结合的状态。其形式包括大企业间的"横向系列化"(企业集团、联合企业),大企业及其相关中小企业间的"纵向系列化"(提供股份、职员派遣、提供资金、技术指导、设备出租、原材料供给、产品销售等)。

地方自治体在税制及各种市场信息、技术开发方面都建设了支持体系予以扶持。

在匠人企业的经营者中,几乎听不到日本那种"中小企业是小众,零散而无后继者"的担忧之声,倒是经常看到像马克这种将父辈留下的财产加以发挥并发展成企业,甚至还有一些有志之士独立创办企业的例子。

在意大利,缺乏独创性的人会在大企业工作,相反,具有创造力的人则会亲自创办公司,企业家的精神非常旺盛,从而形成了完备的新创业支持体系。"第三意大利"认为,要制作出具有个性的产品,有人情味的小规模企业远比大企业更为适合,经营者与员工平等对话,在一起设计、一起构思设计的过程中创造出独特的产品。

诚然,从功能性与经济效益等方面来考量,虽然大量生产体系可能更为优越,但是发达国家的成熟消费者所追求的并不是单纯的快速奔驰的汽车或者准确计时的钟表。乍一看好像有点陈词滥调,但是重视"安全""环境"性能与设计收获了人气。产业社会推进了尖端技术的开发,但是当其到达巅峰之际,那些失去了人的感性、趣味、温情等文化要素反而在成熟社会的消费者之间开始受到认可。

不仅仅是功能性,而且重视环保,具有温情的小规模企业比大企业更为擅长生产充满感性的文化产品。这正是"匠人"这一词汇原本的意味。最近,"尖端匠人""数码匠人"等名词取代了"传统匠人"而流行起来,"新匠人时代"引起了新的关注。

在意大利语中，匠人被称为"Artigiano"，技能则是"Arte"，这原本指的是美或艺术，所以所谓"匠人的技能"，在词源上来说，也具有与美和艺术一致的内容。

在大量生产体系普及的过程中，技术与艺术被割裂了。现在，在面临产业社会停滞之际，匠人的技能重新得到了认可。人们选择融入匠人的生活方式与哲学、审美、感性等产品的消费时代来到了。

在意大利语中，工作也称作"opera"。通常，一说到 opera，就会令人联想起《蝴蝶夫人》或者《阿依达》①那种在豪华歌剧院里上演的歌剧，不过，原本拉丁语 opera 中含有"工作"的意味（请参考第一章中"罗斯金的'艺术经济学'"）。工作就像歌剧一般，是一种愉快进行的事情，在愉悦之中蕴含着"Arte"，也就是有美、有艺术。将这种要素再度复活，并将其高雅化，可以说在大量生产系统陷入僵局的发达国家的成熟社会中开始获得了重新认识。

后福特主义"灵活的专业化"

整理下理论（如图 2-4 所示），迄今为止，美国与日本等国所追求的"福特主义"生产体系，是大量生产＝大量消费的体系。但是，这种体系无法适应发达国家日益成熟的市场变化，大量消费的一次性文化制造了大量废弃物，其结果是大量生产面临环境制约而陷入了僵局。

在历史上，日本也曾经有过同意大利一样的匠人的工艺性生

---

① AIDA，1817 年威尔第为庆祝苏伊士运河通航而创作的歌剧。

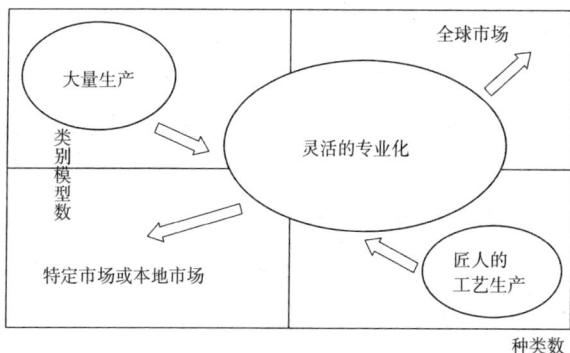

图 2-4　后福特主义"灵活的专业化"

产,也就是各个地区都开展过工艺生产。可是,由零散企业承担的工艺生产在大企业的大量生产面前被击败了,看起来好像被大量生产体系所取代了。但是仔细观察可以发现,这些工艺生产并没有全部消失,超大型企业利用匠人的手工成果,实现了高速成长。

今后,在 21 世纪,从以超大型企业为顶点的系列体系之中独立出来,运用微电子学、大众媒体等新技术的匠人生产,也就是通过后福特主义"灵活的专业化",将开拓匠人活跃的新领域,可以期待独创的个性或者说具有固有价值的商品将在世界市场获得认可(请参考第一章中"'创意都市论'的两个谱系")。

即可以认为,"第三意大利"的中小企业率先实现了后福特主义"灵活的专业化"。在 21 世纪,将这种匠人工艺性的生产所具有的优势运用于现代信息技术并促进其发展,显得越来越重要。

IT 革命普及后,对于全球市场而言,电脑、互联网的利用是开展活动不可欠缺的东西,将数字技术与匠人、工艺性的元素="内容"良好地结合与开展体现出越来越多的可能性。

博洛尼亚市自己就是因特网服务商,让市民与学生可以自由使用互联网,还在窗口设置了顾问以应对纠纷。

首次支付 7 万里拉(约 5000 日元)注册账号之后,便可以免费使用,所以利用率很高,有时候会导致服务器瘫痪,这的确是个问题。不过,对于消除数字鸿沟(digital divide,信息差异)却发挥了作用。马尔克先生当然也通过这个服务展示了自己的作品,提高了经济效益。

下面,我们重新回到博洛尼亚灵活的专业化体系上来。

从"产业地区"到产业集群

包括城市人口约 40 万人及其周边地区,形成了大约 90 万人都市圈的博洛尼亚市,与仅仅拥有卡尔皮等纺织品产业专业化的"产业地区"不同,它不仅拥有纤维、家具等消费产品(生活产品),还拥有从食品、饮料、烟草、药品等自动包装机械到以法拉利、杜卡迪为代表的高级汽车、摩托车等广泛领域的机械工业,以及承担了这些高级汽车、摩托车零件生产的众多的中小零散企业,构成了多种多样的"产业地区"复合体,也就是形成了产业集群,这是博洛尼亚市的一个特色。

在历史上,18 世纪时,以往一直是地区经济支柱的纤维产业出现了衰退迹象,对地区经济危机忧心忡忡的人们向先进地区学习技术,到了 20 世纪初独自完成了产业革命,将机械工业扎根于这片土地上。

此后,农业机械与运输机械等逐渐产业化,现在集聚了各种

各样的自动包装机械（package machine）制造企业，尤其是从 20
世纪 70—80 年代，风险企业①不断独立创业（spin-off），其发展样
态受到全世界的瞩目，甚至与美国的硅谷相提并论，被称为"包
装谷"。

近年来，以利用条形码光电子读取装置的 DATER LOGIC 公
司为代表的尖端企业，以及以多媒体内容为主的微型企业成为培
养对象，目标建成"多媒体产业地区"。

"包装谷"的成长秘密

那么，"包装谷"是如何成长起来的呢？

我们来看一下博洛尼亚的风险企业之典型，也是代表了现在
包装谷中坚企业的 IMA 公司的情况。该公司拥有员工约 1700
人，主要产品有自动袋泡茶充填系统与自动药品充装系统，在该
领域雄踞世界市场的第一及第二把交椅。

根据创业者的侄子，担任海外事业部董事的德尼艾拉·巴基
先生的讲述，他的叔父罗马纽利先生在 1947 年以优异成绩从当
地的阿尔蒂尼·巴莱里亚尼（Aldini Valeriani）工业学校毕业后，
1948—1953 年在 ACMA 公司担任设计师一职，接着作为技术职
员为 GD 公司效力至 1960 年，1961 年在内兄的资助下创办了
IMA 公司。

---

① Venture Firm，20 世纪 60 年代前后，伴随着新技术革命浪潮不断高涨而产
  生的一批新型企业。

当时，除了叔父以外，还有很多尝试从 ACMA 公司独立出来创业的伙伴，洋溢着创业的氛围。其中，IMA 是业界最成功的一家公司，1967 年开发了袋泡茶包装机器，在 70 年代又进军制药业，1976 年开发了发泡剂机器，席卷国际市场。袋泡茶机器不仅用于红茶，还灵活应对日本茶、中国茶、印度茶，成为支撑我们公司发展基础的部门。

ACMA 公司创建于 1924 年，是老牌包装机器制造商，当时从瑞士等国引进新技术，开发了农作物、巧克力等自动包装机器，确立了自有技术。60 年代以后，该公司作为"母公司"推动了各领域的众多技术人员独立创业，对"包装谷"的形成做出了重要的贡献。

此外，1923 年成立的 GD 公司原本主营竞赛类摩托车的引擎制造，当 ACMA 公司才华横溢的电器工程师塞拉纽利先生调入之后，经过他的创意发挥，开发出用于巧克力点心的自动水压包装机，调整了经营方向，成为中兴之祖。此后，该公司从糖果发展至烟草自动包装机，成为该领域市场占有率世界第一的博洛尼亚代表性企业。

在第二次世界大战之前，仅仅只有 ACMA 公司与另外一家包装机械公司，到了 70 年代增长至大约 100 家公司，为其周边提供零部件的公司约 300 家，在博洛尼亚地区形成了企业群。

继而，在 80 年代，博洛尼亚的包装机械工业除了满足酒心巧克力、奶酪等食品零售业界的需求外，逐渐扩展至药品、化妆品、卫生纸、尿垫、避孕器具、塑料瓶等产品,诞生出各种专业领域的风险企业,中坚厂商甚至超过了 150 家。

综上,"包装谷"成长过程的特征在于共享基本技术与信息,并且,各家企业在不同的擅长领域内实行"灵活的专业化"。由此,避免了全军覆没的风险,从而比其他地区更加快速地推进了地域技术的创新,也践行着看似相互矛盾的"竞争与协调"的理念。

"包装谷"成长的主要原因在于拥有作为人才培养机构的阿尔蒂尼·巴莱里亚尼工业学校、扶持优秀的零件供应厂家的匠人企业联盟活动,以及政府等部门的支持系统,这些都有机地发挥了作用,形成了"制度厚度"。[①]

阿尔蒂尼·巴莱里亚尼工业专门学校

创建于 1844 年的意大利最早的工业专门学校阿尔蒂尼·巴莱里亚尼工业学校,培育出了 IMA 公司的创业者、风险企业家、尖端技术的匠人等众多人才,被称为"包装谷"的创造源泉。毕业于博洛尼亚大学的物理学家阿尔蒂尼与经济学教授巴莱里亚尼两位学者,出于培养地域产业振兴的中坚人才的目的,投入了私人财产创办这所学校,因此学校以二人的名字命名。

他们认为,要摆脱纤维产业危机,就必须引进英国、法国等国家的先进技术,于是他们在 18 世纪初前往巴黎、伦敦,学习了技术与经营。为了将这些创新信息落实于当地,在博洛尼亚市、大

---

① institutional thickness,是经济地理学制度转向中提出的一个重要概念。

学,以及匠人企业的协助之下开办了这所学校。

现在,阿尔蒂尼·巴莱里亚尼工业专门学校已成为博洛尼亚市立学校,分为五年制与三年制两种课程。前者是机械工学、信息工学、化学、艺术图形、土木建筑、电气通信工学、热力学、电气工学等 8 个专业;后者则有电器工学、机械工学、图形设计等 3 个专业,分别拥有 1700 名与 500 名学生。此外,与工商总会、匠人企业联盟等合作,为毕业生集中授课,开展与当地产业关系密切的研修及再教育活动。

另外,该校的独特之处还在于,重新利用那些运河沿岸古老的砖瓦制造工厂,改建为学校附属的产业博物馆,充实了资料,将地域产业发展的历史通俗易懂地展示给每个人,使得这里成为参观学习的打卡点。学生毕业后依旧作为该附属产业博物馆"友之会"的会员,维持着毕业生的同窗会,为缔结"包装谷"的经营者与劳动者之间信赖的纽带做出了贡献。

优秀的零部件供应商与匠人企业联盟

IMA 公司的工厂拥有数十年工作经验的熟练工人,他们对袋泡茶包装机械、最新锐的制药(胶囊)包装机械进行组装及最终检验。但是,企业包括主要零件在内的 70% 都是外包的,整个集团大约接受了 200 家供应商的零部件供应,其高质量的水准成为国际竞争力的源泉。

关于这一点,我采访了 IMA 公司与日本的合作企业琦玉县大森机械工业副社长,他表达了如下感想。

我看着 IMA 公司的红茶包装机,它们灵活地运转着,每一个齿轮都精准无比。制作这般高精度的齿轮技术,出乎意料的不是在日本,而是在博洛尼亚的一个乡镇工厂。因为博洛尼亚拥有当地专门学校出身的马艾斯托罗等制作精密零部件的技术人员。德国在齿轮制作方面也很领先,不过方式常规而缺少趣味性。在这一点上来说,意大利的技术人员具有灵活应对各种需求的优势。

在这些城镇工厂中,很多企业都加入了同马克先生一样的匠人企业联盟,值得注意的是,该联盟对城镇工厂创造性的生产制作及高技术水准提供了支持。

全国匠人企业联盟(CNA),是 1946 年创办的匠人企业与中小企业的协会联盟体,他们重新恢复了在第二次世界大战中受法西斯影响而关闭的匠人协会,成为全国性非营利团体。在博洛尼亚县内存在着 2.7 万家匠人企业,其中大约一半都加盟了匠人企业联盟。

加盟企业约有 300 种类型,大类可分为制造业(机械生产、零部件生产、纤维、缝制、鞋子等)、服务业(机械修理、美容美发、运输业等)、艺术传统产业三个类别,占比分别为 54%—55%、40%、3%—4%。

中小匠人企业除了有会计税务服务、产品开发及技术指导、职员研修等外,还获得了政府的资助金,对经营的方方面面进行全方位支持。不仅如此,为了避免中小匠人企业在全球竞争中受到负面影响,还向 EU、中央政府、州政府提出建议对策。

例如,博洛尼亚工商总会会长是由匠人企业联盟的领导桑格利先生担任的,他为提高城镇工厂的社会地位发挥了重要的政治影响力。在商品展览会会场所在地费艾拉地区设有博洛尼亚支部办公室,设施非常气派,毫不逊于合作社的总部及州政府的建筑物,职员们都非常努力地工作着。

担任宣传的弗朗切斯基尼先生讲述今后的抱负:"为应对 2002 年欧元的正式引进及全球化,在推进匠人企业之间的网络化的同时,还希望充实匠人金库,强化在金融方面的支持。另外,基于被称作巴萨尼尼法①的新分权化法,即便是大企业,也要将产业政策权限移交给州政府,因此我们也修改了规定,改换名称为匠人企业、中小企业联盟。不过,今后虽然以匠人企业为主体,也依旧以地域内的所有企业为对象开展活动。"

支持城镇工厂的艾米利亚·罗马涅州经济发展机构

与匠人企业联盟保持合作,有效推进针对零散企业扶持工作的,是由艾米利亚·罗马涅州政府及当地银行、匠人企业联盟等企业家协会、工商总会出资的第三部门的经济发展机构(简称 ERVET)。

意大利在 1970 年设置了州政府,将中小匠人企业的技术教育、职业教育、市场开拓、博览会举办等有关中小企业支持政策的中央权限移交给州政府,因此,各州政府相继设立了产业支持机

---

① 1997 年按照第 59 号法律,成立《地方分权化推进法(巴萨尼尼法)》。

构。经济发展机构在中小企业、匠人企业的领域中,被定位为私营企业与政府之间的核心协调机构,其下属的州内的每个产业地区都会与各地的匠人企业联盟共同设置支持机构,例如卡尔皮的纤维信息中心。

70年代,为了建造工业住宅区,在道路与电话等基础设施配备、银行窗口设置、面向工业住宅区工人的托儿所与学校建设等方面给予了支持;80年代是需求多样化及质量高标准的时代,配备了与地域的产业特性适配的各产业地区的支持服务(被称为"实际服务")的"艾尔贝特体系"。

具体而言,除了技术开发机构、卡尔皮纤维信息中心,还在陶瓷瓷砖的产地萨索洛建立了陶瓷中心,在机械工业的产地摩德纳建立了自动化促进服务中心,等等诸如此类,建构了与州内各产业地区密切关联的地域产业支持系统。

进入90年代,随着欧洲市场的统一,作为战略目标的市场也随之扩大,提高技术创新与工业产品的质量便成为重要的政策。此外,中小企业的集团化倾向日益显著,网络化支持也变得重要起来。例如,在摩德纳的自动化促进服务中心,通过电脑、互联网将地域零散企业联结起来开展生产的"虚拟工厂"的实验正在积极推进之中。

1999年出台的政策规定,不仅仅匠人企业,整个产业政策都移交于州政府,因此,经济发展机构将发挥越来越大的作用,并制定了新三年计划。

"包装谷"的变容与小型企业网络化的新动向

那么,在全球化竞争日益加剧的 21 世纪,博洛尼亚的"包装谷"将会发生什么样的变化呢?

费拉拉大学的比安基教授认为,佛罗伦萨大学的贝卡蒂尼教授与摩德纳大学的布鲁斯科教授清晰辨明了中小企业基于"竞争与协调"而形成的"产业地区"的活力(dynamism),其在 20 世纪 70—80 年代的田园诗般的形态发生了巨大变化,90 年代国际竞争激化,吸收合并且集团化成为普遍现象。

他说,作为"产业地区"的特征,中小企业灵活的专业化体系虽然适应动荡不安的需求(市场),但是当欧元引进、需求(市场)随之扩大时,零散企业的合并及企业集团化的倾向自然会日益增强。

例如,在博洛尼亚附近的瓷砖产地萨索洛地区,正在逐渐形成三个大型集团。即便在博洛尼亚,包装谷企业之间的合并也非常盛行。单一货币欧元的引进加速了这种趋势的形成。

于是,为了探求集团化的实质,我着手调查了代表性案例,发现了下面这种倾向。

正如前文所述,包装谷的中坚企业 IMA 公司,在 1961 年成立之初是袋泡茶的包装机械制造商,从 1976 年起进军药品包装机械领域,1985 年起逐渐吸收、合并了拥有相关技术的制造商而推进了集团化;至最近 10 年,从业人员增加了 1000 人,扩大至 1700 人,持续快速增长。该公司取得了袋泡茶领域世界第一、药品包装领域世界第二的份额,从一个"小型"世界公司变身为名副其实的世界企业。

据董事巴基先生介绍:合并之后,集团企业依旧保持了各自经营的独立性,这与高效的生产体系密切相关。此外,与零部件提供者(供应商)的关系,则委托集团内部重要的协调企业,形成"基于信赖关系的生产网络",共同考虑生产计划、品质、交货期,零部件的 70% 都从企业外部进行调配,降低了成本,对于分包商来说也有利可图。

像 IMA 公司这种以中坚企业为中心的集团化案例,在日本也并不罕见。但是,意大利的特点就在于由同等程度的小企业水平式地构建集团。

我请巴基先生介绍的城镇工厂是普萨尔公司(职员 24 人)及其所属的 β 集团(总计 7 家公司,职员 114 人)。普萨尔公司是专门设计传送带系统、自动化系统的工程设计事务所,是弗朗茨罗利先生于 20 世纪 90 年代开办的年轻企业,专门开发生产软质传送带系统。当订货商通过传真或互联网发来规格单后,便立即起草设计图,投入生产,其快捷的速度是该公司的"卖点"。

弗朗茨罗利先生与跟公司技术关联密切的传送带零件专业制造商贝德·西斯特米公司(职员 35 人)的 T·贝塔提先生建立起合作关系。1995 年,又与同样关系密切的另一家专业制造商、三家零件生产商、一家销售公司一起组建了 β 集团。

7 家公司均为各自独立经营的有限公司,各持资本组成集团,其组建集团的最大原因在于零散企业在资金筹措上具有困

难。通过集团化消除这一弊端之后，自 1995 年起销售额增加了
4 倍。

在工厂参观学习的最后，我问道："IMA 公司的巴基先生向我
介绍了您，请问您与 IMA 公司是什么样的贸易关系呢?""我们公
司可不是分包商。我是通过阿尔蒂尼·巴莱里亚尼的附属产业
博物馆'友之会'与巴基先生结识的朋友。"

弗朗茨罗利先生很不高兴地回答了我。因为在这个"包装
谷"，小型企业与中坚企业都是平等的。

像这种小型企业的集团化案例还有很多。比如，利用机器人
进行自动打包的包装机械公司罗波派克公司（职员 200 人）与专
业塑料瓶包装的戴马克公司（职员 63 人），及填充包装器械制造
商贝特科公司（职员 44 人），一同组建了亚特纳集团（包括海外子
公司在内，拥有职员 356 人），开发出一种机器人自动装瓶的机
械。他们是为了资金调配及进军海外市场而选择了集团化，不过
经营权依旧保留在各家公司的总裁手中。

另外，零部件供应商马尔凯基尼集团等被评价为"水平式集
团化"的代表，可以说是与 IMA 公司不同类型的企业集团化。所
谓匠人企业联盟、产业发展公社的集团化发展，指的就是这些
内容。

借用普萨尔公司弗朗茨罗利先生的话来说，这些中小企业之
间的协调性网络的背后，是"基于相互信赖关系的人情味网络"。

美国的政治学者帕特南先生将这种相互信赖及网络称为提
高社会运营效率的"社会关系资本"，在博洛尼亚，不仅仅停留于

产业方面，还通过各种工会与自发性居民组织，在生活、文化、福利等领域内也体现出这种信赖关系。

按照日本的常识，在全球竞争中，小型企业将被淘汰，而败者将被胜者所收购，加速大型企业化的进程。但是在"第三意大利"，推进的是基于上述相互信赖关系建构的新型中小企业网络化。

从博洛尼亚的研究者、经济政策负责人那里常常听闻，吸收合并、企业集团化的倾向并不会损害到"产业地区"的一贯利益，相反通过这种"协调的水平式集团化"可以增强"产业地区"对抗全球竞争洪流的"地区的制度厚度①"，这是一种战略。

"多媒体产业地区"的挑战

博洛尼亚的产业集群（cluster）的另一个课题是着眼于成熟的包装谷而创出新的产业。与此相呼应的，则是通过多媒体产业集聚而形成"多媒体产业地区"，简称 MAMBO 项目。

其契机源于 1997 年出台的以大都市圈为对象的第 266 号法律第 14 条，目的是将新产业地区移植于都市衰退地区。1998 年，根据产业省第 225 号省令制定预算，原本只是以南部地区为对象，后来变成全国性的以都市产业衰退地区为对象的都市重建项目，设置了 22 亿里拉的基金，其中一半计划用于企业，另一半则投入设施。

针对企业的资助金分为重建、成长促进与迁移促进两种类

---

① 制度厚度，经济地理学制度转向中提出的重要概念。

型。新法规定,市政府能够直接对企业提供资助金,最高达 50％
予以免除偿还,并保障银行利息半价。在博洛尼亚,工厂旧址皮
拉斯特拉·罗贝里地区被指定为对象地区,现在已收到 75 件申
请,正在努力筛选到 30 家企业。

值得瞩目的是,SOHO、微型企业的孵化器"里不拉",原本从
EU 获得资助金(社会基金)以支持女性企业的起步。1994 年它
创建于前面提到的产业博物馆所在的古老的砖瓦厂旧址的一角,
之后便成为面向一般微型企业的创业支持设施。

他们把握企业独立的条件,让申请者制作商业计划,在最初
的 3 年中给予指导帮助。匠人企业联盟及工会总部作为协作团
体开展事业,派遣共同市场经理人与经营诊断经理人。

该设施的服务理念是重视个人的想法,支持其作为企业家的
独立性。

"意大利人的想法很活泼,虽然很有个性,却缺少经营感。所
以管理教育非常重要。"负责人如是说。她一边跟我说话,一边向
着三个正在利用该孵化办公室的青年示意,他们原是从条形码读
取装置的尖端技术企业数据逻辑公司独立出来的。

5 年间,他们支持了 50 家企业创业,包括对已经成立的公司
的支持,有 130—150 家企业在接受支持后获得了独立,涉及服务
业、广告业等多种行业,最近与环境相关的项目也越来越多。

这些企业,无一不是将近代产业的工厂旧址翻新成产业"创
造支持设施",可以说其重点正从"尖端技术匠人"转向"数字匠
人"的培育。不过,"数字匠人"所创造的内容大多是艺术文化,正

如下面将要揭示的那般，新产业的创造与艺术文化政策的关联将会逐渐加深。

3　博洛尼亚的文化政策及文化合作社

欧洲文化之都·博洛尼亚 2000 揭开波澜之幕

博洛尼亚市被 EU 指定为迎接千禧年的 2000 年"欧洲文化都市"，在大约一年的时间中，举办了丰富多彩的文化活动以庆祝 21 世纪的到来。

自 1985 年以来，每年选取一个都市的 EU 文化部长委员会，将博洛尼亚、阿维尼翁、卑尔根（挪威）、布鲁塞尔（比利时）、克拉科（波兰）、赫尔辛基（芬兰）、布拉格（捷克）、雷克雅未克（冰岛）、圣地亚哥-德孔波斯特拉（西班牙）等城市指定为"公元 2000 年的欧洲文化都市"。

作为 21 世纪入口的重要年份，包括东欧的都市在内，9 个都市第一次成为欧洲文化的代表都市，各都市为了"千禧年的欧洲文化空间的构筑"，展开了各自独特的企划与竞争。

博洛尼亚推举博洛尼亚市长为主席，成立了由意大利政府、艾米利亚·罗马涅州、博洛尼亚县、博洛尼亚大学、工商总会等组成的委员会，选定"交流与文化"为主题，任命著名作家、符号学学者、博洛尼亚大学教授安伯托·艾柯先生为特别召集人。

"博洛尼亚2000"委员会的目标是向广大民众推广官方报告书中所揭示的"享受文化的权利",举办各种各样的活动。

当时,重点并不仅仅只放在推动年轻一代的市民积极参与、提高市民文化消费的水平上,而且进一步谋求文化的生产及创造性发展,以及确立作为文化观光都市的博洛尼亚的地位。

所谓"享受文化的权利"也许是一个不那么熟悉的词汇,它的意思是不只有富裕阶层可以享受灿烂的文化,还要实现广大的普通市民都能够享受"作为权利的文化"的福利国家的文化政策目标。

原计划按部就班推进的"博洛尼亚2000",未料在临近千禧年之际的1999年6月,因为市长选举、人员更换而遇到了波折。

我向参与了"博洛尼亚2000"计划的前市长室主任费里克利先生咨询了文化政策的现状。

前市长 W.比特利先生成为欧洲文化之都的候选人,尽管博洛尼亚是一个中等规模的都市,但这是一个挑战全球化的大型项目。其特征在于它并非单纯的文化活动,还实现了车站翻新、机场现代化、展览会的国际化、大学都市、电信城等综合都市蓝图。而文化方针,不仅仅是丰富文化消费,而且以文化创造为核心,致力于文化的输出,努力通过文化产业化对就业做出一定的贡献。

即以文化为核心的都市的全球化挑战,这也就是"创意都市"

战略。

可是，遗憾的是，在市政更换之后，虽然方针本身没有改变，但是约瓦诺蒂①企划的"世界的音乐"、葛兰迪企划的"文学马拉松"等几个项目前景莫测，产生了负面影响。

确实，"博洛尼亚2000"刚一华丽开张，就搞砸了。他推荐说，香烟工厂旧址的复兴计划非常重要，一定要去实地看一看，我便前往参观了。

将博洛尼亚市中心打造成"创意文化空间"

"博洛尼亚2000"的主要项目以在市中心创造出2000年"创意文化空间"为目的，包括文化团体及市民提出的多种多样的企划提案在内，计划共实施30场音乐会、230个展览会、260场会议、125家实验室等，总计活动时间高达2000小时。

此外，总计投入资金1700亿里拉（约100亿日元）用于文化设施的完善，与日本形成鲜明的对比在于，博洛尼亚并没有因为建造文化设施就完全废弃古老的建筑，去打造崭新的文化设施；而是在严密的保护建筑计划的基础上，在建筑的内部增加新的功能，但在外观及结构上则彻底实施保护修复，维护传统街区的风格。

例如，位于市中心面向马焦雷广场、与市政厅相邻的旧股票

---

① 瓦诺蒂（Jovanotti，本名Lorenzo Cherubini），意大利著名创作型饶舌歌手。

交易所,通过保护修复工程变身为拥有网络连接的 900 多个座位的意大利最大的图书馆,在室内大厅里又设置了 400 个座位,现在正在安装多媒体设备。

馆内,在安伯托·艾柯先生的监督之下,Telematic Portico 项目即将完工,届时能够登录获取所有信息源。将来为了应对市民的文化需求,计划将市文化局的功能逐步转移到这座新图书馆。

同样也是面向马焦雷广场的建筑物,在旧股票交易所的旁边是恩佐王宫①与行政长官官邸,包括建筑材料在内都成为"科学修复"的对象,重新开放为举办集会、活动、会议的设施,这将充实博洛尼亚作为活动与商品展览会之城的功能。

确实,举办国际儿童图书展、CERSAIE(瓷砖·室内装饰的国际商品交易会)②等世界性活动的博洛尼亚商品展览会场,是值得夸耀的欧洲第四大会场。

文化遗产、近代产业遗产的再生保护及文化创造

通过保护与再生而获得瞩目的是位于中心部西北方向的原烟草工厂旧址,那里改建成了面向文学及视觉艺术、戏剧的"创意空间"。

在这块区域,除了工厂之外,还有古老的运河、港口、盐仓、旧

---

① Palazzo Re Enzo,是博洛尼亚的一座宫殿,得名于腓特烈二世之子撒丁的恩佐,他从 1249 年到 1272 年去世前都被囚禁在这里。

② 博洛尼亚陶瓷卫浴展,创建于 1983 年,每年一届,主要展示欧洲卫浴、瓷砖行业最新设计,以及陶瓷、卫浴行业的新产品,在业界具有很高的声誉。

面包制造厂等近代工业遗产,但是在第二次世界大战中这些旧址遭到了轰炸,因此在改造过程中非常重视复原成从前的建筑样式。

这一带将建设市立电影图书馆,在该设施内还将设置资料馆,用于举办教育讲座、复原电影相关资料。另外,还将建设由安伯托·艾柯先生担任指导的博洛尼亚大学通信专业本科课程的新校舍、播放艺术电影的市立电影院二厅、拥有超过 3000 张电影广告收藏品的视觉艺术及戏剧资料馆、为音乐及戏剧专业的本科课程服务的音乐、戏剧、电影、录像专用教室,还有为培育欧洲年轻艺术家设置的空间。

当然,并不是所有的文化设施都是对古老建筑物的保护与再利用,新型现代美术馆也预定开放了。这个项目也是近年去世的著名建筑家阿尔多·罗西①先生着手设计的最新作品之一,受到了建筑界的极大关注。

另一方面,对于加泰罗尼亚的建筑家里卡多·波菲尔先生②设计的新国铁车站,多数市民就其高层建设计划提出了批判性意见。

继而,中心部的圣圭内蒂宫殿成为音乐博物馆,现已收藏了市政府所拥有的历史文献及古代乐器、绘画等世界上数一数二的

---

① 阿尔多·罗西(Aldo Rossi,1931—1997),意大利代表性建筑家,1990 年获得建筑界的诺贝尔奖"普利兹克奖"。

② 卡多·波菲尔(Ricardo Bofill Levi),西班牙著名建筑师,享有"建筑鬼才"之美誉。

收藏品。

在博洛尼亚诞生的 20 世纪最重要的画家之一乔治·莫兰迪①的出生地附近的圣·克里斯蒂娜修道院内,设置了友人佩西女士提议的女性文化资料中心,以及面向女性的国立图书馆等各种历史资料馆。

另外,在 2000 年,博洛尼亚大学完成了对历史悠久的科学史博物馆坡吉宫②的修复,在这里将开设现代音乐、戏剧、舞蹈等服务中心。

就这样,博洛尼亚一边保存着传统的城市面貌与文化遗产,一边尝试着在市中心建设"新文化的创造空间"。在开设了 40 多家美术馆与博物馆、200 家图书馆、市立歌剧院等 12 家剧场、诸多全国性出版社的这座城市里,又增添了新的设施,织就了意大利市民人均文化消费额最大的都市博洛尼亚繁荣的文化景况。

博洛尼亚的戏剧

当然,这些新文化设施不过是所谓的"器"。为了切实用于文化的创造性发展,创造出新文化产业,在文化政策的负责人与年轻人的文化创造者群体的努力下,通过国际戏剧节、电影节、音乐节等活动推进合作的成功,成为至为重要的一环。

博洛尼亚向来是一座洋溢着艺术芬芳的都市,文化消费水准

---

① 乔治·莫兰迪(Giorgio Morandi,1890—1964),意大利著名的版画家、油画家。
② 这是一所大学博物馆,也是博洛尼亚大学主校区所在地。

几乎是全国人均的2倍。以个人支出情况来看,戏剧及其他舞台艺术比轻娱乐更受欢迎,数不清的电影俱乐部培育出众多的电影爱好者。然而,并不是每个时代都能够出现丰富的艺术创造。

我拜访了在博洛尼亚大学艺术音乐戏剧系教授戏剧史的克劳迪奥·梅尔德雷吉教授,请教了博洛尼亚的戏剧情况。他30多岁就已经是教授了,是位超级英才,最近因为身体抱恙,说话一字一句,不太流畅。

回溯历史,博洛尼亚早在17世纪初便出现了戏剧,在19世纪初迎来了兴盛期。当时,从那不勒斯以北,都灵、米兰、威尼斯以南地区都出现了戏剧团体,博洛尼亚作为其交流的中间地带,文化与经济都十分繁荣。而且,虽然是教皇领地,但因为处于梵蒂冈的统治边缘区域,戏剧得以较为自由地发展起来。当时,教廷之所以抑制戏剧,是因为戏剧是虚构的,以神圣之物为取笑的对象,并且批判了当时的权力阶层。当时的剧团经营还很原始,尽管很小,也形成了一种行会(guild)模式。在19世纪初,博洛尼亚出现了8个剧场,太阳剧场也诞生于这一时期,不过区别为白天面向劳动阶层与民众,夜间面向上流阶层。最繁荣的时候大约拥有戏剧演员1000人,甚至还创造了在足球场一般大、可容纳1万名观众的广场上演出的记录。

突然,他话锋一止,拿出了一个木偶。

这是当时流行的名为多德莱·波洛涅赛(博洛尼亚的教授)的玩偶。他那学究式的可笑的面孔成为嘲笑的对象,但其实有趣的是他的服装。

将木偶身上的黑色燕尾服下面的白色蕾丝取下,竟然瞬间变成了神父的道袍。中世纪的教廷权力与大学的关系遭到了民众批判性的嘲笑,实在是痛快至极。从那时起,讽刺戏剧似乎就深得博洛尼亚民众的喜爱。

但是,在第二次世界大战之后,随着电影与电视的普及,博洛尼亚的戏剧骤然衰退,直至70年代才出现了转机。博洛尼亚大学开设了艺术音乐戏剧系,达里奥·福[①]率领着"新景象(nuova scena)"开始活跃起来。剧团的成员们选择了合作社这种形式,并获得了发展。这是因为,这并非由某一个人来担任领导,而是由全员民主参与运营。

达里奥·福先生于1997年获得了诺贝尔文学奖,是意大利代表性戏剧人。他亲自撰写戏剧的剧本,有时候还担任主演,多才多艺。

为了具体了解"新景象(nuova scena)"采用合作社的形式来发展剧团的理由,我走访了太阳剧场。

---

① 达里奥·福(Dario Fo,1926—2016),意大利剧作家、戏剧导演。

活跃的戏剧合作社——"新景象（nuova scena）"与"拉巴拉卡"①

现在已经成为意大利代表性剧团，被评价为"意大利最受大学生青睐的剧场"的"新景象"，是在大学纷争及工人运动高涨的1968年的"炎热的秋天"，由达里奥·福与比特利奥·弗朗切斯基等人创办的前卫剧团。从一开始，剧团成员之间在创造制作及剧团运营上就采用了平等、同酬等合作社式的原则。自1975年起，获得了合作社·互助会联盟（博洛尼亚支部）的支持而实行合作社模式，最终发展成为民众服务的剧团。

根据"新景象"的导演保罗·卡基奥利先生的介绍，之所以采用合作社模式，是因为在米兰等城市已经取得实绩的公立剧团，出现了因过度依赖政府而导致运营僵化、演出剧目单一化的现象，所以他们决定追求更为自由的新的剧团组织。剧团内部不再存在经营者与员工的上下级关系，而是在公平承担工作与利益分配、相互扶持的"合作社精神"中，发现了与剧团所谋求的为民众创作新戏剧这一理念相一致的东西。

创办之初，达里奥·福创作的布莱希特②式讽刺剧颇受好评，它采用了意大利传统的民众戏剧手法。从20世纪70年代到80年代，维多利亚·弗朗切斯基、德·贝拉卢迪尼斯的作品或导演的实验性戏剧获得了成功，使得剧团获得了市民的认可。

---

① 1979年创办的儿童剧院。
② 布莱希特（Bertolt Brecht，1898—1956），德国剧作家、诗人。

　　1977 年,合作社总部与"新场景"向市政府提议使用市政府所有的圣·雷奥纳多剧场,遭到了拒绝。之后,他们向地区居民评议会做了工作,最后成功签订了使用合约。1980 年,市政府对艺术活动的实绩进行了评估,签订了协议,他们又转向市政府所有的特斯托尼剧场,观众倍增。就这样,在 1985 年被认可为市政府的常设剧团,启动了市政府与合作社的艺术创造合作,15 年中取得了优异成绩而深受好评,之后他们又转向了太阳剧场。

　　位于市中心的太阳剧场是一座历史建筑物,在市政府的主导下实施了大规模的修复工程,重建为可容纳 950 人及 300 人的两个大厅的现代剧场。其后,1995 年格拉鲁迪尼等人顺利地进行了剧院落成后的首次公演。从那以后,举办了超过 200 次的公演,吸引了 70 万人次观众,创造了一派繁华景象。

　　现在,105 名剧团成员(其中有合作社成员 25 人)全部都是专业演员。在剧院的培养体系方面,与民间戏剧学校签订了特别合约,设置了演员培训课程,博洛尼亚大学艺术音乐戏剧系还派遣理论批评专业的讲师予以支持。在财政方面,每年预算 80 亿里拉用于运营。其中,50 亿里拉由票房收入、赞助收入、演讲费、剧场出租费构成,剩余的 30 亿里拉为官方资助,中央政府出资 60%,州政府及市政府出资 40%。

　　当然,近年来,因为市镇①财政紧缩导致运营资助金受限,剧团又建立了其他合作社,在没有公演的期间,将剧场出借用于会议活动、时尚表演而收取租金,努力确保自己的财源。

————————————

①　Comune,意大利语意思是"共同体",是意大利自治体的最小单位组织。

　　与"新场景"同为代表性戏剧合作社的"拉巴拉卡",是一个起步于 1979 年,面向孩子的小型剧团。剧团的达美利奥先生介绍说,当时意大利没有儿童剧场,所以可谓是风险剧团。在合作社总部的支持下,发展成为合作社模式。1983 年发起了剧场需求运动,与市政府签订了圣·雷奥纳多剧场的使用合同,之前这是"新场景"的专营权。在这样的实绩背景下,1987 年中央政府制定了法律,正式认可了儿童戏剧,而后全国发展了 15 家剧场。

　　自 1995 年转移至现在的特斯托尼剧场后,观众从 2.3 万人增加到 4.8 万人。公演的内容按照时间段有所区分:上午,以学校(13 岁以下)为对象的剧目占 80%;下午及周末面向家庭,演出分为 3 岁以下、6 岁以下、12 岁以下、中学生以下 4 个年龄段。另外,针对青少年的工作坊,在音乐、舞蹈、电视、多媒体领域内开展了多姿多彩的创意活动。

　　剧团成员 62 人(专职人员 21 人,其中 8 人是事务人员),财政方面与"新场景"相同,政府资助金占比 35%。录用博洛尼亚大学艺术音乐戏剧系的毕业生,最近还录用了多媒体等领域的人才,为地域社会的就业做出了一份贡献。现在,剧场正在进行多媒体设施改建,开始发展针对儿童的电视节目制作,涉足多媒体、内容制作和教育领域。此外,在新艺术产业的创造上,有趣的是,为了制作面向儿童的电视节目,为孩子们提供优质戏剧,又创办了另外一家公司(51%控股)"Media Mole",制作了 39 集以地中海自然风光为主题的电视节目。

它的背后，是意大利的电视黄金时段几乎完全被日本制作的动漫垄断的现实。日本动漫因为"情节有趣且绘画优美"吸引了众多粉丝，但是也常常听到父母对其中性与暴力场面过多的担忧。"Media Mole"正是针对意大利的孩子所处的文化环境而做出的企划。正因为漫画与动漫是为数不多的日本文化输出，所以希望能够提高其质量。

如上所述，对于戏剧这样的艺术创造活动，市民们认为其不同于一般的合作社，提供资助金时并非将艺术文化看作单纯的"私有财产"，而是看作辅助的"准公共财产"或者说"混合财产"。

这两种博洛尼亚文化合作社，现在已发展到 18 家，合作社成员数量达 1000 名，成为草根文化创造的主力军。

合作引导文化政策转向文化创造

以往，在意大利，针对舞台艺术的政府资助主要集中于歌剧，以米兰·斯卡拉歌剧院①为代表，全国 13 个都市都设置了公营公司（public corporation），其特点是不仅有专属的管弦乐队，从舞台装置到照明等各部门都是官方雇佣人员，并给予丰厚的国家资助。在博洛尼亚，包括国家资助的 294 亿里拉在内共拨款 350 亿里拉（1992 年）用于歌剧院的运营，其重视传统文化的保守主义色彩相当浓厚。

---

① Teatro alla Scala，位于米兰的国立歌剧院，1778 年 8 月 3 日正式启用。

　　然而，自 20 世纪 70 年代起，当青年与学生的新草根文化运动兴起之后，政府积极应对，文化政策也发生了转变。1975 年起开始对戏剧合作社等活跃的新戏剧领域进行资助，通过免费出借剧场等方式与戏剧合作社进行合作。这种新文化政策吸引了众人的目光。

　　1999 年以后，随着国立歌剧院公营公司的财团化，实现了部分独立核算，但事实上，不同于从中央政府获得高额资助金以维系由政府运营的歌剧公演，以民间为主体的戏剧创作活动以较少的文化预算就满足了市民多样的文化需求，被评价为能够向更多的艺术家提供工作场所的"生产导向型文化政策"。

　　在"博洛尼亚 2000"的活动中，"新场景"以"探求拉丁文化在欧洲的作用"为主题召开了国际会议；另一方面，与法国、罗马尼亚共同创作戏剧，与美国的黑人舞者开展竞演等活动。"拉巴卡拉"以"孩子与文化·艺术"为主题演出了给幼儿观看的戏剧、举办了艺术项目的欧洲国际研讨会，提出了一个别出心裁的企划：在欧洲的 8 个国家（意大利、法国、比利时、德国、丹麦、西班牙、希腊、荷兰），同时让 7—12 岁的孩子就同一个主题用各自的方式进行研究，再将研究成果带到博洛尼亚进行发表。众多的文化合作社从草根中发展文化事业，成为引导"博洛尼亚 2000"获得成功的原动力。

4　博洛尼亚的福利行政与社会合作社

社会合作社的登场背景

博洛尼亚的福利领域也不亚于文化领域,在意大利都市中处于上层行政水平。尤其是高度评价了作为匠人企业中坚的女性的作用,为支持女性就业而致力于托儿所、老人看护等社会事业。20世纪80年代以后,通过与合作社的合作,在服务供给方面不断取得成果。现在,在博洛尼亚市,面向65岁以上老人的居家服务及日间护理服务(day-care)的全部业务及幼儿园(3—6岁)的20%的业务虽然托管于外部机构,不过,社会合作社依旧发挥了重要作用。

所谓社会合作社(cooperative sociale)从70年代后半期开始到80年代在博洛尼亚率先登场,为解决公共福利不能实现的各种需求而发展起来;1991年出台的第381号法律赋予了其法律地位——"为人的发展及市民的社会统一,谋求地域共同体的整体利益"。其中包含了两种模式,一种是运营社会、保健服务及教育服务的A类,另一种是以残障人士的就业为目的而实施的农业、工业、商业、服务业等多样性事业的B类。B与A不同,享受减税、在委托合同中免除投标等优惠措施。另外,作为对非营利团体的优惠措施,还可以接受企业、个人、基金等方面提供的捐助。

　　进入 90 年代后，整个艾米利亚·罗马涅州的社会合作社数量倍增，达到了 100 家，取得了更大的发展。社会合作社之所以急速发展，需求方的主要原因在于，随着老年人、残障人士的增加，不仅行政需求增大了，而且在财政危机之下，外部委托事业也日益增多。另一方面，供应方的主要原因在于，人文专业的大学毕业生因为就业困难而越来越多地选择去合作社工作，谋求实现自我价值的机会。

　　在此，对博洛尼亚代表性的社会合作社现状做一小结。不论是哪个团体的理事长级别的人士，他们的采访都充满了热情与个性，令我度过了愉快的时光。

迎来转机的 A 类社会合作社——卡迪阿伊与诺芭·萨尼塔

　　卡迪阿伊（CADIAI）创办于 1974 年，从次年开始运作，它是意大利"最初"的 A 类社会合作社。现任理事长凯蒂尼女士一边吞云吐雾，一边对我说："我并不是草创成员，没有第一代人那般的战斗性。"由 27 名女性组成的这一组织，原本是作为女性主义运动的一环而成立的，为了让社会认可以往不被视为正式职业的看护、育儿等女性工作而展开了活动。

　　现在，合作社已发展成为拥有社员 290 人、职员 460 人、年销售额高达 260 亿里拉的大型机构，其成员的 87% 都是女性。在此之前，一般人都认为，社会服务活动应当由政府机构承担，或者由教会系统的志愿者来从事；加上在活动初期，资金匮乏，所以最初的活动是从寻求私人用户、居家服务起步的。1976 年，与利比亚驻罗马大使馆签订了对利比亚人的看护,尤其是对幼儿照顾的协议,这是合作社第一次参与公共部门的工作。

她说:"这是一个进入公共事业的机会,但是因为工资支付迟滞,1980 年便中止了协议。不过,也多亏了市政府的财政危机,我们才获得了飞跃的契机。"

也就是说,在 70 年代,福利政策虽然逐渐完善,但是受严重的财政危机的影响,根据 1977 年的法律,地方政府如果不改善赤字就不能雇佣新的公务员,这将无法应对逐渐高涨的社会需求。在这样的情况下,才开始与政府部门机构接触,80 年代与博洛尼亚市签订了老人居家服务事业的委托合同。

当时,老人看护被视为质量低下的福利服务,直至 1986 年,卡迪阿伊垄断了与政府之间的合同,才能制定有利的价格。在当时,是有可能储备经营资源的。现在看起来,真的可以说是太幸运了。

进入 80 年代后半期,很多后起的合作社与民间企业都加入这一市场,竞争变得激烈起来。为了避免对公共部门的过度依赖,尝试面向个人的独特的残障人士服务、老年人居住设施运营等,进入了一个多元化、专业化的阶段。

面向 21 世纪的卡迪阿伊的经营战略是,利用过往积蓄的资本,对那些为卧床老人提供看护与日间服务的设施、康复设施、重度残障人士设施等新领域进行投资。这是一个通过雇用专业而多样化的人才，以高品质及专业性一决胜负的战略。

真是对自己身为该领域的先锋充满自信的发言。

现在同为 A 类的"新健康"（Nuova Sanita）是由负责工人的健康诊断及相关职业病的医生团体组成的普通合作社，创办于 1979 年，至今在社会服务与医疗两个领域内开展活动。1984 年合作社总部又创建了社会服务部门，此后关系逐渐密切，1989 年创办者医生团体退出，削减了医疗领域，只剩下社会教育领域的服务。从 10 年前起，在市内开设了针对流浪汉、吸毒者等的日间中心（设施由市政府提供，运营经费按照与市政府的委托合同），在最初的 7 年里一直作为贫困人群的救济中心，3 年前向政府提出"回归社会"项目的建议，并开始了对其适应社会的心理治疗。

80 年代前半期，由行政部门发出的委托事务逐渐增加，经营稳定。但是进入后半期，社会服务市场向民间开放，招标制度的引进导致了竞争激化，委托费下降，经营有了压力。在这样的情况下，以经营为重，开展了居家看护、老人看护、戒毒对策、流浪汉对策、移民对策、对残障人士和未成年人的教育服务等社会服务活动，在 1995—1996 年间达到职员 300 人、服务供应额 80 亿里拉、客户 2020 人的规模。

可是，1997 年遇到了经营危机，1998 年理事会进行了整体改

组,以新社会合作社的面貌重新出发。机构改革后,设置成 170
人的体制,提高"质"重于"量",开始了经营方针的转换。

于是,130 人工作调动到卡迪阿伊等其他社会合作社。当时,
常常会出现倒闭的合作社,所以后来行政部门也实行了投标体系
的改革,在合同上不仅要考虑"费用","服务的品质"至少要达到
50％的水准,对评估制度进行了改善。不过,要保持社会合作社
经营的稳定,还有很多需要改善的地方。

现在,社会合作社并不是相互"竞争"的关系,而是向着"合
作"的方向发展。根据 EU 的标准,超过 20 万欧元的合同必须进
行投标,20 万以下的金额则由各行政机构决定。在"新健康",公
共机构下达的委托事业占 100％,因此需要对投标制度做进一步
改善,同时积极向行政部门提案新项目。

理事会表示,今后将在戒毒与流浪汉对策、居家看护服务的
领域内开拓发展。关于前者,从一年半以前便组织了针对吸毒者
的巡回商队,向那些不来中心窗口的人积极动员,这项实验性服
务获得了效果。

我参观了位于市内的专门针对流浪汉、吸毒者等开放的日间
中心,该设施从 1991 年启用,每天 12 点半开放,提供午饭与休息
娱乐室等设施。职员 7 人,一般是 3 人常驻,平均照看 60—80 人
左右。最初 40—60 岁的酒精中毒者很多,最近增加了 30—45 岁
的吸毒者,男女比例为 9：1。每一个负责人都非常热情,通过戏
剧、绘画等艺术对他们进行适应社会的心理治疗。

另外,A 类的社会合作社还有库萨普萨(CSAPSA)。这个名

称是心理学社会学应用分析研究中心的简称,1978 年 11 月由博
洛尼亚大学的儿童心理学家、社会学家等 10 名学者创办,次年开
始活动,主要为精神障碍者适应社会而开设讲座及职业培训。
1981 年开设了儿童收容所,现在市内运营着两家。1982 年开始
实施回归社会的职业培训,非洲人及吉卜赛人也是对象之一。

开展多样活动的科帕普思与利帕拉吉——B 类社会合作社

科帕普思(COPAPAS,成员 4 人)是在博洛尼亚郊区的萨
索·马可尼开展活动的独特的合作社。担任理事长的洛伦佐·
三德利先生毕业于大学农学系,因为父亲是聋哑人,所以对残障
人士非常关心,开设了与农业经营相结合的训练设施,全身心地
投入该事业之中。

1979 年,社会活动与农业经营研究、家有残障人士的家庭等
三个团体合作创办了农业合作社,至今已有 20 年的历史。通过
生产活动,对残障人士进行职业训练,目标建成"半农半学"的组
织,自 1981 年起开展活动。

该地区以畜牧业为主体,以小麦、果树、蔬菜为中心,并尽可
能发展多种农作物生产。农业合作社为了给智障儿童提供多种
多样的发展机会,而选择了多种农作物。另外,之所以采用直销
的体系,是因为随着地域社会的交流不断扩大,比起向批发市场
销售价格较贵的农作物,这种方式更具有经济效益。经营面积达
30 公顷,其中用于栽培的耕地为 27 公顷。这块土地是从一个名
为"欧培拉·皮亚"的组织那里租用的,该财团管理着基督徒捐赠

的土地（现在由市政府进行管理）。不过，虽然以社会目的的商业理由优先借用，价格却是市场价。

1983年开始的职业培训活动并不是封闭式训练，而是基于通过实际的企业活动进行职业培训（70年代末在利古里亚①开发），志在打造"既是职业培训场所，也是工作场所"，这是博洛尼亚最早的实践案例。从1985年到1989年间在实践中也有过不少错误，1985年向法国学习先进案例，引进了花卉栽培（适用于重度残障者），1988年注册为Agriturismo②，从1989年起作为Agriturismo的Il Monte开始活动。此外，同年起将以往的3个课程：(1)健康者与残障者一同；(2)只有轻度残障者；(3)重度残障者，改为只面向残障者的项目。

1991年社会合作社相关法律出台，要求必须选择A类或B类，于是针对重度残障者的日间服务便独立出来，成为名为"阿提比特·索西阿利"的B类社会合作社，二者在最初的两年中保持着密切的合作关系。柯帕普斯因为是社会性的农业合作社，雇用了残障者，只要申请便可以获得资助金，但是为了保持组织的独立性，目前尚未提出过申请。现在，公共事业收入（接受培训生）与民间收入（农作物销售）的比例为45%：55%，经营比例平衡。并且，在1997年成立了木工工艺与垃圾回收的社会合作社"马斯

---

① Liguria，位于意大利北部，是一个狭长的沿海区域，以沙滩、田园式城镇、渔村闻名。
② Agriturismo，是将农业（Agricoltura）与观光（Tourismo）两个词语连接起来创造出来的新词，即所谓"农家乐""民宿"。

托罗奇列乔"。

利帕拉吉(Riparaggi)的办公室位于博洛尼亚中心医院即国立马焦雷医院近旁，是 B 类社会合作社。由全国肌肉萎缩症(muscular dystrophy)患者家庭协会的秘书长阿莱桑德罗·马埃斯托拉利先生担任理事长，并专门创办了负责修理患者使用的电动轮椅的合作社。电动轮椅在意大利型号尚未标准化而缺乏通用性，所以修理起来非常麻烦，费用也很高。因此，委托咨询公司制作了商业计划调查，了解到州内共有 2600 台轮椅，更换零件需 18 万个，从而判断该事业将在 3 年内取得收支平衡，于是在 1998年 1 月 16 日成立了该合作社。

现在，合作社拥有成员 11 人，其中超过半数为残障者，职员 2人，兼职职员 1 人。他们与担任公共福利服务的地域保健机构签订了合约。其事业内容为：在那里免费借用的电动轮椅如果发生故障，可以在患者的家里进行修理，或者出借新轮椅，同时将旧轮椅收回进行修理，之后再返还给地域保健机构。另外，将患者使用后返还给地域保健机构的旧电动轮椅上拆下来的零件都储存起来，构建了零件回收系统。

让无家可归的人主动回归社会的 Piazza Grande("大广场")

无家可归的人自己作为成员开展活动的社会合作社"大广场"，是 1997 年从欧洲"创造世界：大广场的工作室"项目中诞生出来的，该项目旨在保护流浪汉拥有被社会认同的权利，"大广场"受"大广场同好会"支持发展至今。其事业内容,通过编辑报刊《大广场》及在市内进行销售,以及利用废旧自行车、废弃家电产品、旧衣服等回收,对于那些被社会排斥的流浪汉提供独立的就业机会和收入。不仅如此,理事长马西莫·马基雅贝利先生亲自担任领导,运营流浪汉剧团"友爱·伙伴"。这个独特的尝试,通过流浪汉亲自表演意大利传统的假面即兴戏剧,恢复残缺的人性。经过导演的编排,这些即兴表演将福利、环境、艺术等不同领域的活动创造性地融合在一起,给人留下了深刻印象。

作为"分权型福利社会"中坚的期待与现实之间的矛盾

如上所述,博洛尼亚的社会合作社是在全国率先以提高女性的社会地位、扩大残障人士的发展保护等基本人权为目标,以草根居民运动为基础的自发性组织。因其产生了重大的社会影响,政府甚至出台了新法律,认可其"社会合作社"的地位。并且,在不断发展的"重审福利国家体系"的潮流中成为备受期待的新"分权型福利社会"的中坚。

这些社会合作社在组织上具有成员多样性的特征。以往的劳动合作社及生产合作社,都是由职业、阶层、社会环境等水准差不多的成员所构成的。如倒闭企业的劳动者自主管理进行重建;以失业者为对象的职业培训课程的结业生们开展"工作启动";大量失业的青年人群、毕业后没有被录用的应届大学生们,与朋友一起开创事业。正如上述戏剧合作社那般,都是社会地位比较接近的人或者具有专业技能的人一同组建的,在这种情况下能够保持较为稳定的经济基础(田中夏子:《意大利社会经济的地域开展》)。

与此相对,社会合作社 B 类是以雇佣残障人士为前提,由"家长协会"、无偿或有偿的志愿者、事务局人员、普通雇佣者等性质不同的成员所构成。另外,对于 A 类来说,也有很多由深受残障之苦的人们(虽然不是合作社成员)构成的自助性组织,具有强烈的保障参与的倾向。像这样让地位不同的人平等地参与策划的合作社理念,在实验的过程中自然处处遇到了"效率与平等"的困境。

因此,在经济基础方面可以指出以下倾向。

A 类,主要是来自市政府、地域保险机构等方面的委托事业,最初合作社为了加强经济基础积极地接受公共部门的委托,但是后来自治体财政出现危机,引进了投标制度,合作社与民间企业之间的竞争日益激烈,遇到了危机。现在则进入了一个新的阶段。

也就是,一方面,在与合作社的理念相关的"工作质量"上,因为来自自治体的委托金不一致,有的合作社慢慢地将比重向民间的直接事业进行转移。另一方面,有的合作社希望并不仅仅是自治体的承包商,而是拥有与合作社相匹配的"工作质量"的费用系统,所以对自治体提出要求;还有的合作社向自治体提出了新的建议。

总之,不同于民间营利企业,合作社为了加强经济基础,维系并开拓对"工作质量"的追求,就必须脱离对公共部门的过度依赖,向民间扩大服务对象,谋求应对居民需求的多样化服务,这是博洛尼亚社会合作社的课题,也是其战略。

5 分权化与广域环境管理——博洛尼亚的创意行政财务系统

分权化与居民参与

如上所述,以匠人企业及合作社为轴心,将产业政策与文化政策、福利政策结合起来创造性地开展活动,与分权化居民自治的进展不无关联。1964 年,全国率先在博洛尼亚实验性地引进了"社区居民委员会"(后来在 1976 年依据《分权参加法》,规定人口 4 万人以上的市政府都必须设置),在市内的 9 个地区(一开始是 18 个地区)进行了设置;全权应对福利、幼儿教育、文化、体育等区域居民的所有需求,运营图书馆、托儿所、老人的休憩之家、社区剧场等设施,通过居民的参与,奠定了分权社会的基础。

新地方自治法(法律第 142 号)于 1990 年通过,进入 90 年代后,财政方面也推进了分权化。作为自治体的自主财源,引进了房地产税(ICI),自主财源比例超过了 65%,而在 80 年代中期以前,70% 以上都依赖于中央政府的财政拨款。另外,从 1997 年起附加价值税(IRAP)移交给各个州,州政府的自主财源比例上升,也超过了 30%。70 年代以后,在财源方面强烈依赖于中央政府

的意大利地方财政，如今克服了各种各样的"改革失败"，制度上
趋于稳定。

此外，根据新地方自治法，将全国 12 个都市重组为"大都市
圈（Metropolitan）"的大都市圈规划正在推进之中。所谓大都市
圈计划，是以罗马、那不勒斯、米兰等大都市圈为对象，通过引进
广域都市行政制度，按照国家法律赋予各州规划制定权。但是在
艾米利亚·罗马涅州，却委托于县（Provincia）。县处于州
（Regione）与市（Comune）之间，现在被诟病为半吊子制度。在
1942 年的时候有 8150 个市，1970 年新增了 20 个州，1995 年县开
始在大都市圈规划中扮演新的角色。以 9 县 60 市为对象，艾米
利亚·罗马涅、马尔凯①、翁布里亚②等州正在积极推进这项
工作。

现在讨论的博洛尼亚大都市圈，规划对象面积达 3700 平方
公里、人口 95 万人。按照规划，实施居民投票，废除具有浓郁的
国家派出机关色彩的"县"；具有高度自治能力的博洛尼亚市拥有
县级权限，担当起大都市圈的广域行政③。当时，在博洛尼亚社区
委员会已经升级到行政区级的市，与广域行政一同推进区域自治
是一个特色。

像这样，以区域生活圈为基础，通过居民参与，民主地制定地
域规划，建构起重视居民"生活质量"与文化、福利权利的都市政

---

① Marche，位于意大利中部亚得里亚海沿岸。

② Umbria，位于意大利中部。

③ 广域行政指超越了地方行政区域，与周边自治团体合作推进综合城市建设。

策,居民自主地掌握经济活动,博洛尼亚为我们提供了经验。

大都市圈规划与环境政策

然而,大都市圈规划与该地域的环境问题也有所关联。

南临亚平宁山脉,北接波河,东临亚得里亚海,拥有湿地的这块地域的都市规划,在历史上遇到过同样的问题。据说当古罗马人从濒临亚得里亚海的里米尼①朝着米兰方向,往西北前进之时,为了给马饮水,每隔 20 公里便建造一个都市,所以说"水源的确保、利用(利水②),及其排水、污染成为历史遗留问题"。18 世纪初,为发展纤维产业,在城市之中挖掘了运河(用水),用水车来转动纺织机,迎来了丝绸都市的繁荣时代。但是在 1950 年以后,忘却了地域的基本问题而不断开发都市。例如,从 1955 年到 1995年的 40 年间,透水量达到 10 倍,排水则需要 3 倍的能源。按照50 年前规划的排水处出现了问题,抽取地下水导致地基下沉,堤防变得脆弱,增加了洪水灾害的危险性。

尤其是 20 世纪 70—80 年代,随着产业地区的发展与分散化(郊区化),水源与交通问题日益严峻,位于城市中心的工厂向郊区寻求地价与税金低廉的土地,随着工厂的新建与设备的更新,实现了爆发性的发展,周边的市政当局也因为税源(房地产税)变得富裕而欢迎企业进入。其结果造成博洛尼亚市的人口从 1935

---

① Rimini,意大利艾米利亚-罗马涅大区的一个海边城市,里米尼省首府。

② 利水,指从河川、湖泊等地引水利用。

年的 25 万人到 1971 年的 50 万人，再到 1998 年的 38 万人，一度
人口急剧增长，但近年来市中心出现了空洞化倾向，使用私家车
通勤比公共交通更普遍。

因此，按照大都市圈规划进行了广域水管理与绿地配置、交
通机构的设置与财源调整，在大都市圈规划中设计了提高都市品
质的广域环境管理规划。并且，通过大都市圈规划来限制动辄喊
着全球竞争的口号进行开发的当局，引导其持续性发展。据博洛
尼亚大学的卡贝基教授介绍，从新产业培育的视角来看，环境管
理计划也正在积极地开展之中。依靠 EU 的资助金，当地企业开
发出测定大气污染情况的系统、农业用区域性降雨信息系统等，
均已取得成效。

综上，迎来 21 世纪的博洛尼亚正在挑战着新课题，朝着创意
可持续发展的区域前进。

小结——从博洛尼亚看"创意都市"的条件

在此，我总结一下创意都市的现代性条件。

第一，不仅是艺术家、科学研究者自由开展创意活动，工人与
匠人也可以通过发挥自己的才能而开展灵活性生产。这是一个
拥有抵御全球裁员风暴、具备丰富的自我创新能力的都市经济体
系的都市。

第二，支撑都市的科学与艺术创意的大学、专门学校、研究
机构，以及剧院、图书馆等文化设施完备齐全；另外，拥护中小企

业、匠人企业的权利,为新创业提供便利;充实支持创意工作的各种合作社、协会等非营利部门。这是一个富有"创意之家"的都市。

第三,产业发展改善了都市居民的"生活品质",通过提供充实的社会服务,其产业活力与生活文化对环境、福利医疗、艺术等领域的新产业创造与发展提供了灵感。这是一个生产与消费均衡发展的都市。

第四,拥有制定生产与消费空间的规划权限,保护都市环境,提高都市居民的创造力与感性能力。这是一个拥有美丽景观的都市。

第五,保障都市居民进行多样化的创意活动,拥有居民参与行政的体系。这是一个既具备区域自治,又拥有承担区域的广域环境管理的广域行政体系的都市。

第六,这是一个拥有支撑创造性自治体行政的财政自主权,以及高度的政策制定能力的自治体职员的都市。

21世纪的"新分权型福利社会体系"将会在这样的"创意都市"里,通过分权化与合作、协助的社会实验逐渐实现。

第三章

瞄准内发型创意都市的金泽

金泽，以往一般被称为北陆的小京都，或者日本海畔的历史观光都市。近年来，被誉为与博洛尼亚并驾齐驱的"日本的创意都市"。

其理由是，将古老的纺织工厂的砖造仓库改建为具有划时代意义的参与性文化设施市民艺术村，让市民"一天24小时，一年365天"都能自由地用于艺术活动；满载着年迈的乘客，消闲巴士在都市狭窄的街巷中轻松穿行，为萧条的商店街带来了活力；现在，对自我认同的传统文化的壁垒提出了挑战，在市中心建造了金泽21世纪美术馆，力图创造出符合新世纪的市民文化。此外，提倡新型国际会议金泽创意都市（金泽圆桌）会议，探求21世纪的世界都市模式，为都市提供实验场所等等，并不断引起新话题。

在经济高速增长期，日本很多地方都市都遭遇了大量生产＝

大量消费浪潮的冲击,变身为"效率的生产现场",结果导致在传统工艺、生活文化中丧失了"创造场域"。在这种背景下,为金泽带来极具个性的都市文化及自律的都市经济的,正是被称为独特的内发型发展的模式。

被称为"福特主义"①的大量生产＝大量消费系统遇到了危机,新的文化生产正慢慢地开始获得影响力,金泽的匠人与都市型产业也迎来了文艺复兴。尤其是像金泽这个城市,以传统产业中的匠人生产系统为基础,发展成为"后福特主义"②所提出的"文化生产都市",即文化与经济均衡的都市,具有深刻的意义。本章从这一视角回溯创意都市·金泽的历史。

1　匠人与老店支撑的金泽的街道

与博洛尼亚相仿,金泽是一个拥有45万人口的人性化规模都市。以老街为中心,连成片的黑亮的屋檐,沉稳的房屋,培育了传统艺能与传统生活文化;被犀川与浅野川两条清澈的河流及周围浓绿的山野所环绕,享受着富饶的自然的惠泽;同时又保持了独特的经济基础,在全国中等规模都市中获得了顶级评价(日本

---

① 福特主义(Fordism),该词最早起源于安东尼奥·葛兰西,他使用"福特主义"来描述一种基于美国方式的新的工业生活模式,它是指以市场为导向,以分工和专业化为基础,以较低产品价格作为竞争手段的刚性生产模式。
② 后福特主义(Post－fordism),是指以满足个性化需求为目的,以信息和通信技术为基础,生产过程和劳动关系都具有灵活性(弹性)的生产模式。

经济新闻社编《都市——为谁而生》)。

金泽的春天,从浅野川游园会开始。

在盛开的樱花树下,依偎着浅野川上架起的梅桥,从桥畔一直延伸至水边的浮动舞台上,表演着泉镜花的戏剧《义血侠血》中的女主角"泷白系"①的水上杂技,当地的青年们表演狮子舞,茶室街的艺妓们表演杂曲。在岸上,炫耀美味的饭店摆出了茶棚;一旁举行着茶道会、俳句会;在传统老街上开展着写生大会、步行拉力赛等,数万市民与游客尽情地享受着春天,玩味着金泽的传统艺能与食文化。

该活动今年已是第 15 届,现在已经成为金泽的固定节目。最初是为了搞活周边地区,以 4 家老字号经营者为中心,从手工制作开始起步的。

城下町②,至今依旧飘溢着金泽氛围的寺院,加贺友禅③与金箔匠人居住的商家鳞次栉比的东山地区,以及穿过浅野川直达金泽城大手门的北国街道上挤满了老字号大店铺的尾张町一带,都因为跟不上都市再开发的潮流,开始走上衰退的下坡路。

江户时代形成的蜿蜒的窄巷附近,已经不能适应私家车普及的现代都市生活。随着时代更迭,居民向郊外移居,空荡荡的住家变成了停车场,慢慢地多出了很多高层公寓。

---

① 白系是一名水上艺人。
② 战国时代至江户时代,以大名居住的城堡为中心发展起来的市街城镇。
③ 石川县金泽市附近发达的友禅绸布,有固定的图案,配色多为蓝、胭脂、紫。友禅染色从近世初期发展,元禄时期京都的绘画师宫崎友禅斋所绘制的图案深受欢迎,后来便取用了他的名字。有京友禅与加贺友禅两种。

"这样下去,金泽将会失去原本的风貌。这一带所拥有的'金泽氛围'无论如何都要传给后代。"怀着这样的危机感挺身而出的是从事金泽特产咸烹海味①制造与销售的佃一成先生。他继承了父亲开创的家业,将匠人的技能与独自开发的冷却装置、真空包装贯通起来,一改传统的咸烹海味的印象而制作成健康食品,是一位创新经营者。

富有想法与执行力的佃先生,与老字号制茶店米泽修一先生、金箔批发商蚊谷八郎先生、在茶馆街长大的珠宝装饰业经营者中村骁先生等人一同于 1983 年结成了老字号、文学、浪漫之街思考会,积极投身于东山、尾张町一带的"周边振兴"事业。在这个"周边",有着泉镜花出生时的故居,诞生了镜花文学的"镇守森林"②与花街柳巷好似迷宫一般的羊肠小道,留下了浓厚的独特的气息,将其镶嵌于"浪漫之会"的名称之中,显得非常的"金泽"。

沁润着浅野川的清流,既欣赏着左近的传统艺能,又守护着传统街区,然后再复兴老字号,这"一石三鸟"精心策划的"浅野川游园会"正是在"浪漫之会"的学习会上设计出来的。

1986 年,在泡沫经济的余波下,东京的大资本突然提议,要在预定为游园会会场的浅野川右岸(北侧)建造高层公寓。为了保护从浅野川大桥眺望卯辰山的美景与传统街区,这些老店开展了

---

①　佃煮,用小鱼、贝类、海藻等加上酱油、料酒烹煮的食品。
②　日本神社境内及其周围,围绕着神殿、参道等种植的森林。

"都市景观托拉斯"①运动,获得了广大市民的支持,成功阻止了该公寓建设计划。民众想要保护传统文化与街区的热情打动了政府,并促请东京资本打消了进入金泽的念头。

经过了这一事件,以往一些研究者与文化人所倡导的保护金泽都市景观的呼吁获得了广泛支持,逐渐形成了市民运动。

支持游园会的市民志愿者亦逐年增加,最初只是4个人组织的活动现在增加至400人,游园会举办前后的浅野川清扫活动也成为例行工作。在这样的情况下,新近又结成了金泽东山街振兴协议会,与"浪漫之会"一同努力重建作为町众②文化根据地的戏棚、浅野川演舞场等传统文化气息浓郁的街区。

那么,老字号的经营者与匠人,以及附近的市民们所继承的"造物"与"建街"的认同感究竟是怎样形成的呢?让我们先回顾下金泽的历史。

2 历史都市金泽的"造物"传统

历史都市金泽的起源可以追溯至500年前,一向宗的宗徒

---

① National Trust,对于以经济理由去强制开发自然环境的行为,通过市民活动进行阻止或者由自治体进行收购,以保护自然环境。
② 町众,中世后期在京都,组建了町组、进行自治生活的工商业者,同时还担当了能乐、茶道等民众文化的能手。

（门徒）建立起日本中世史无前例的农民自治政府①。其后的大约100 年间，这个"百姓的国家"昌盛起来，作为其根据地的金泽御坊②，也就是现在的金泽城一带呈现出一派繁华景象。

1583 年，战国武将前田利家进入金泽城，开始着手建设以金泽城（一开始，前田利家将金泽城取名为尾山城）为中心的城邑。后来，被编入以开辟了江户幕府的德川家为顶点的幕藩体制之中，在 17 世纪后半叶，加贺前田藩确立起"百万石文化"③。但是，通过压制门徒的反抗而建立的武家文化的特征，就在于要求百姓顺从。

仅次于幕府而拥有大领地的加贺藩，放弃了武力对抗江户幕府，选择了文治主义，对学术及工艺、艺能实施奖励并推广普及。招募了全国各地的著名学者，支持文学创作，竟然令新井白石④都感慨"加贺乃天下之书府"。17 世纪，开办了制作工艺品的御细工所，从京都及江户聘请著名工匠为指导者，培育了金工⑤、莳绘⑥等工艺匠人。另外，因为藩主本人嗜好能乐与茶道，于是在家臣与百姓中间也广泛流行起"生活文化"。

---

① 1488 年，加贺发生了农民武装起义，在这之后大约 100 年间都是由一向宗的门徒（净土真宗）实行统治。
② 御坊，指僧房或寺院。
③ "石"，容量单位，1 石＝10 斗。
④ 新井白石（1657—1725），江户中期的儒学家、政治家。
⑤ 金属工艺品。
⑥ 描金画。在器物的表面用漆（金银等金属粉或颜料粉）绘制出图案，是日本独特的漆工艺。

可是,明治维新后废藩置县,藩主前田氏离开金泽前往东京,武士阶级衰败。维新伊始仅次于东京、大阪、京都的人口从 13 万人锐减至 8 万人,金泽似乎被时代淘汰了。

然而,进入 19 世纪 90 年代,以新兴实业家为中心,完成了独立的产业革命,迈出了新的一步。之所以能够从城邑变身为金泽,是受惠于以出口纺绸生产为中心的纤维产业及支撑其运作的纤维机械工业的发展。

奠定金泽机械工业发展基础的是江户时代加贺藩所推进的工艺振兴。从全国招募而来的著名工匠在御细工所,对镶嵌、铸器、木器(家具、发饰等)等工艺进行指导,城市里也汇聚了能工巧匠。在江户时代后期,"络缲"①等当时的先进工艺十分发达。诚然,这些名匠们因为明治维新失去了加贺藩这一赞助商而沦落了,但是另一方面,随着纤维产业的兴起,在自动织布机的开发与生产等领域亦有先锋开辟了新道路。

津田米次郎就是代表人物。其父津田吉之助是木匠师傅,明治初期金泽代表性的著名建筑之一,供奉前田利家的尾山神社的神门(重要文化遗产)就是他设计的,他还担任了建筑工匠长。中国式样的神门上架起了装有彩色玻璃窗户的钟楼,扮演了为远航于日本海上的船只照亮的灯塔角色,在当时是非常前卫的建筑。

除了建筑以外,他还是一个著名的制作"络缲"的能手。1875年,他参观了群马县富冈缲丝厂的机器,便进行了仿造,配置于新

---

① "からくり"karakuri,日本古代利用机械活动原理制作的木工,汉字写为"络缲""唐缲",有木偶玩具、机关盒等具有高度技术与美感的机械装置。

兴企业家、后来成为金泽第二任市长的长谷川准也创办的金泽缫
丝会社的工厂里。

10年后,儿子米次郎与徒弟驹次郎开发出独特的结构,生产
了津田式丝绸动力织机。驹次郎所创办的株式会社津田驹工业,
现在是世界上深受好评的喷水织机等高速创新织布机的制造商。
江户时代的匠人技能与知识就是这样经过创新,在近代工业中得
以发挥并发展。这就是简·雅各布斯所强调的即兴演奏的过程。

在知识与技能的保存、继承、创新方面具有重要意义的是,
1876年石川县劝业试验场①(现石川县工业试验场)、1887年金
泽工业高中(其直接的后裔是现在的石川县立工业高等学校,不
过,其理念亦被金泽市立美术工艺大学继承)开全国之先锋而
创办。

前者被称为日本最早的公设试验场,目的在于保存加贺藩时
代积累下来的各种各样的工艺相关技能并加以培育与创新。后
者是为了应对市民开办金泽美术学校的需求,由明治政府派遣来
担任"九谷烧"②指导的纳富介次郎所创办,这是日本最早的工业
学校。

该校办学的初衷是通过美术工艺的近代化为地域振兴做出
贡献,但是有意思的是,它不是以美术学校,而是以工业学校的身
份开始的。值得注意的,是其有志于建设日本最早的工业设计教

---

① 提倡实业、奖励工业。
② 石川县九谷所生产的陶瓷器。明历年间(1655—1658)至元禄年间(1688—
1704)烧制而成,是豪放的彩绘作品。

育。因为高级美术工艺的市场有限，他们才想到引进工业设计，从而将其提升为与世界接轨的产业。

其后，1920年金泽高等工业学校（今金泽大学工学系）、1924年金泽市工科学校（今金泽市立工业高等学校）创办，作为地方都市，集聚了首屈一指的多样性教育与研究机构，形成了支撑地方专有的"造物"的"制度的厚度"，通过人才培育，对制造业的内发型发展发挥了重大作用。

从20世纪末起，在国家产业空洞化急剧加速的过程中高呼"造物"的复权，因KSD① 问题使得创办"造物大学"成为引人瞩目的政治焦点。但是，这原本不是出于"政治逻辑"，而是希望站在"地方固有的知识与技能"的保存、继承、创新的视角，通过地域的主导性进行构想与运营。

3　内发型发展带来的金泽经济特征

在第二次世界大战之后的高速成长期，日本的很多地方都市以"分店经济都市"功能为中心成长起来，即作为总部设置于东京的巨大企业的分店都市。或者，变成只具有单纯的生产功能的企业城镇、联合企业都市，追求产品出货量及增加雇佣，出现了原创文化与自律经济基础逐渐消逝的苗头。处于这种环境之中的金

---

① 　财团法人"中小企业经营者福利事业"（KSD）与政治家的贿赂事件。

泽被评价为实现了文化与经济平衡的内发型发展的都市①。

然而,金泽并不是在任何时代都保持了坚定的自信,"内发型发展"的道路并非一帆风顺。

1962 年,政府一提出"新产业都市建设计划",金泽市与石川县便决定绝不能跟不上潮流,接连推出以石油联合企业等大企业招商为中心的"外来型开发"计划。

但是,当时正在从丝绸纺织品向尼龙、涤纶的化纤宽幅布料生产转型且情况良好,以纤维产业为中心的当地经济界的领导卓有见解地声称:"在日本的内厅金泽,如果看到的是从烟囱里喷吐着黑烟的工厂,那得多煞风景。"以此表示了消极的态度。最后,金泽没有被选上新产业都市。

假设金泽被认定为"新产业都市",那么很可能会为大气污染等公害问题所困扰,成为内发型发展道路上的巨大障碍。

其后,从 70 年代后半期起至 80 年代中期,作为内发型发展主角的纤维产业,遭遇了一次次巨大危机。最初的契机就是石油危机与美元危机。预见到作为化纤纺织品原料的石油价格暴涨,便从生产商那里大量购入原料,大量生产,但是消费不景气导致存货膨胀,出现了经营危机。

接着是日元升值,从海外进口廉价产品急速增长,便宜的常规商品失去了竞争力,慢慢地退出了零散织布机厂。

归根到底,其原因在于将纤维产地商社作为顶点,将零散织

---

① 宫本宪一:《环境经济学》,岩波书店 1989 年版;中村刚治郎:《追求新的金泽形象》,金泽经济同友会 1986 年版。

布机厂家作为承包商,按照系列分类的纤维产地垂直型结构,缺乏灵活克服危机的"解决问题的能力"。

在这个时期,政府打算推进半导体、电脑等尖端企业的招商,但是,代表了纤维机械的机械工业通过对接尖端技术克服了地域经济危机,坐稳了新内发型发展的主位,发挥了雅各布斯所说的"自由修正型"经济的特征。

就这样经历了数次转机与危机、经历了内发型发展的金泽的都市经济学可以归纳出如下特征:

第一,虽然没有大型企业,但是很多总公司及拥有研发功能的主力工厂都设置于该地,集聚了可持续发展的中坚——中小企业。其中,有很多充满了匠人气质且擅长创新的企业,相互促进,共同发展,实现了高度自律的都市经济。

第二,明治中期以来经过了大约一个世纪,作为消费品产业的纤维工业与对其提供生产原料的纤维机械工业成为两个主干工业,在地域内相辅相成地发展起来。

在这个基础上,第二次世界大战后,工业机械与食品相关机械,以及出版印刷工业、食品工业、服装产业等领域都取得了蓬勃发展,这个45万人口的都市既保持了多姿多彩的产业关联结构,又保持了从传统产业到尖端产业领域的地域技术、知识储备及其关联性。

第三,正如典型的纤维工业所体现出来的那般,以当地的产地商社为中心,形成了独特的产地系统,不仅拥有纤维产业的制造功能,还有销售及流通功能,以及以此为基础的金融功能。通过其在地域内的发展,形成了二次产业与三次产业相平衡的都市经济。

第四,其结果是,这种都市经济的内发型发展力抑制了外来型的大规模工业开发、联合企业等招商,规避了产业结构与都市结构的急剧转型。由此,非常自豪地维护了自幕藩体制以来独特的传统产业与传统街区、周边的自然环境等,保留了最高舒适度的都市美。

第五,如上所述,内发型发展所形成的独特的都市经济结构,通过在地域内相互之间拥有各种关联的迂回生产①增大了附加价值,防止地域内创造的收入中的利润流向区域外,由此促进中坚企业不断创新。

另外,还发展了信息产业及各种服务业,继而带来了大学(金泽大学、金泽美术工艺大学、金泽工业大学等 13 所大学)、专门学校、众多的博物馆与资料馆等学术文化,形成了值得夸耀的独特的高品质都市文化集聚。也就是,通过经济剩余的都市内循环而保持了高度的"文化资本"。

1985 年容许"日本升值"的《广场协议》(Plaza Accord)签订之后,急速发展的全球经济体系重构的浪潮不仅侵袭了金泽的经济,也波及了全日本的经济。尚未具备充分的内发型发展的经验,企业缺乏决策部门与研发部门,在仅仅拥有生产现场功能的企业城镇及分工厂都市,与亚洲 NIES 处于竞争关系、依靠低薪的大量生产型工厂最先出现了产业空洞化现象。

---

① 迂回生产,指先生产生产资料,再用生产出来的生产资料去生产消费品。

于是,这导致了跨国企业的总公司与跨国金融机构集聚于世界都市东京的"一极集中"①与地方都市圈的人口过疏的后果。对于金泽经济而言,垂直型统一的大量生产型纤维工业处于困境之中,纤维产地商社频频倒闭;不过,多品种且少量生产的后福特主义型机电一体化产业与尖端产业却获得了发展。

正是因为上文所述的多样性研发机构的集聚及工艺匠人生产性知识的传承与创新,才形成了得以对抗全球化浪潮的"制度的厚度"。

4 迈向文化生产都市

首先,从传统产业的复兴看起。

金泽是仅次于京都,传承了众多传统工艺品产业的都市。已经受到确认的传统产业有 26 种(参照表 3-1)。与这些传统产业相关的制造业事业所大约有 800 家,员工约 3000 人。在金泽市的事业所中占 24%,员工人数占 8.2%,称得上是金泽市的基干产业之一。其中,根据国家传统工艺品产业振兴的相关法律,认定九谷烧、加贺友禅、金泽漆器、金泽箔、金泽佛檀与加贺绣 6 种行业。下面就介绍一下加贺友禅、金泽箔等传统工艺。

近年来,崇尚后现代主义追求正宗的风格发生了转变,加贺

---

① 指政治、经济、文化、人口、资本、资源和社会活动等都集中在首都圈(东京)的情况。

风格获得了高度评价,加贺友禅在不景气的情况中奋斗至今。它与京友禅、冲绳的红型①一同并列为日本代表性染色工艺,起源于大约 500 年前加贺独有的素色染色"梅染"②。

从京都邀请来宫崎友禅斋,在加贺染的基础上创造出友禅画风的新花纹,确立了加贺友禅。汲取了狩野派③的画风,以写实的花草图案为中心的花样与京友禅的图案风格形成了鲜明对比。

因为制作工序不像京友禅那般分工细致,所以不适合量产。但是另一方面,一贯性的制法能够充分发挥作家独自的个性,其特点就在于体现出友禅漂白④的本染⑤的味道。

当京友禅等奋力于大量生产之时,加贺友禅早早地确立了作家"落款制"的生产一贯系统,走上了具有高度文化性且洋溢着独创性的生产轨道。现在拥有作家 50 名,继承人与助手约 200 名。销售额在 1997 年创下了 180 亿日元的纪录。

自 1967 年起,以加贺染色振兴协会为中心,商社与生产者融为一体,推进了振兴;1970 年,在市内的专光寺建成了工会加贺友禅染色住宅区,现在依旧保存了部分传统的友禅漂白,有时候会在住宅区内的人工河上表演。

---

① 红型是冲绳的传统染色工艺,自琉球王国时代的 14—15 世纪起发展而来,古时用于女性礼服,颜色图案非常华丽。
② 将红梅的树皮或根部熬出来的汁进行染色。
③ 日本画的流派之一,室町中期兴起,受武家政权的保护,占据了日本画的主流。在江户时代,作为将军家的御用画师世袭家业。
④ "友禅染"的最后一道工序是"友禅流",将染好色的织物放在水中漂白,冲洗掉布料上的糨糊及多余的染料。
⑤ 不同于印刷的真正的手工印染。

金泽箔,缘起 18 世纪前期,加贺藩从京都招募了金箔打箔师,迎来了制造兴盛期。明治维新后,江户箔消失了,唯有金泽箔作为产地得以保留下来,持有全国市场的 99% 份额。

其主要原因除了气候、气温与水质都很适合打箔以外,打箔机的改良也是原因其一。在历史上,金泽箔一直都作为佛檀、佛具等宗教工艺,金屏风、漆器、陶瓷等传统工艺品的材料而发展了下来,近年来为应对生活方式的改变,也推进了与其他行业的交流,如电话卡、室内装饰用品、地方酒、点心等,甚至还有化妆品等。

表 3 - 1 金泽市的主要传统工艺品产业

传统产业	传产法认定	主要产品	产地的实际情况		生产额	
			事业所	从业者	1997年	1998年
			数量(含市外)	人数人	百万日元	百万日元
1. 九谷烧	○	花瓶、茶瓶、酒瓶	425	2000	15000	15000
2. 大樋烧		茶具	10	23	100	100
3. 加贺友禅	○	留袖*、彩色留袖礼服、会客服	342	1112	18000	11500
4. 金泽漆器	○	茶具、日用器具等单品生产	46	60	450	350
5. 金泽箔	○	金箔、银箔	172	786	6570	5850
6. 加贺镶嵌		花瓶、摆设、首饰等	26	26		
7. 茶壶		茶壶	1	2		
8. 金泽佛檀	○	佛檀(泥金技术与栏间雕刻)	59	235	1010	1000

---

* 留袖,是高级和服。

传统产业	传产法认定	主要产品	产地的实际情况		生产额	
			事业所	从业者	1997年	1998年
			数量 (含市外)	人数 人	百万日元	百万日元
9. 桐木工艺		桐木火盆、花瓶、烟灰缸、点心盘等	9	30		
10. 乡土玩具		加贺玩偶、狮子头、加贺八幡起上①	11	20		
11. 加贺毛针		香鱼毛针	3	12		
12. 加贺竿		涂漆渔竿	2	2		
13. 竹工艺		茶道、插花用的竹编用品	2	3		
14. 二俣和纸		工艺用纸、箔纸	6	11		
15. 水引②		水引、水引玩偶	4	23		
16. 铜锣		铜锣	1	3		
17. 点心木模具		木模具	2	2		
18. 和伞		日本伞	1	1		
19. 灯笼		灯笼	1	1		
20. 大鼓		各种大鼓	1	10		
21. 琴		"生田流"三弦	1	2		
22. 三弦		三弦	1	2		
23. 加贺刺绣	○	刺绣带等	5	20		
24. 假发、头套		假发、头套	1	3		
25. 金泽装裱		屏风、挂轴等	15	20		
26. 手捺染③型雕刻		手捺染型雕刻	1	1		

（生产额依据产地工会调查）

---

① 加贺八幡起上，金泽乡土玩具，有祈求孩子健康之寓意。

② 装饰绳艺术。

③ 手捺染，hand printing。

　　与传统工艺比翼齐飞,支撑着传统食文化的金泽特有的食品产业群也在勇敢地奋斗着。

　　金泽的清酒,自中世以来就与汲取了"手取川水系"的鹤来町"加贺的菊酒"一样声名远扬。从白山流淌下来的大桑水系的地下水是得天独厚的酿酒的自然条件,再加上能登杜氏优秀的匠人技艺,在岁月的锤炼之下,诞生出"百万石的食文化"。

　　19世纪90年代后半期,金泽拥有50余家酒窖,到了20世纪30年代后半期减少至20余家。现在虽然只剩下金泽市内6家、鹤来町2家,却培育出全国名牌商标。

　　作为全国性地方酒热潮、精酿酒①热潮的领袖,"中村酒造"积极致力于新产品开发,不断创造出新品牌,满足了消费者多样化的需求。上一代的社长将自己的房屋及美术工艺品捐赠给金泽市,创办了金泽市立中村纪念美术馆;近年来,在工厂里安放了有效利用微生物的净化装置,推进了在工厂内建造专供昆虫与小动物居住的群落生境(biotope)计划,是一个对文化事业与环境问题都非常热心的酒窖。

　　此外,加贺藩主专用的名门酿酒酒窖"谷内屋"(やちや酒造)最近开发出一种小批量生产的新系统,可以按照每个顾客的喜好进行定制,大约三周后送达顾客手中;还建造了一个能够轻松体验造酒的专用酒窖,引起了大众话题。

　　大野酱油,缘起于加贺藩政时期藩主命令大野的浅黄屋津兵卫制造御用酱油。与清酒一样,水质是"生命";而且,为了利用运

────────────

①　60％以下,以白米精米为原料,低温发酵酿造的清酒。

输船打开全国市场,掌控着大野港及宫腰港(今金石港)的大野地区也是很合适的。因此,据说在幕末大野拥有 60 个厂家,可谓栉比鳞次。从那以后,兴衰更迭,第二次世界大战后原有 30 家工厂,现已减少至 21 家。

于是,在当地工商协会的带领下,将荒废的酱油窖重新利用起来,开展城市振兴运动。1998 年,首先将空置的仓库装修为画廊与咖啡馆的"もろみ蔵",举办了音乐会等活动,吸引了 2.5 万人到访。两年后,将第二个空置酱油窖改建为"创意工作坊 oxydol",招聘了三个从金泽美术工艺大学毕业的年轻艺术家。粗大的梁柱浸透了酱油,露出透亮的深茶色,这不仅刺激了艺术家的创作灵感,还扩大了与地域居民交流的场地。

作为大野酱油业界的领导,大和味噌酱油社长山本胜美先生在坚守传统食文化的同时,为纪念活跃于幕末的全能才子大野弁吉,精心建造了络缲纪念馆,并担任理事长。

在茶道、日本舞蹈、谣曲等传统技艺已深深扎根于市民生活的金泽,与京都一样拥有很多值得夸耀的传统金泽味道的全国老字号,比如用日本点心与咸烹海味策划浅野川游园会的"佃食品"。

匠人生产中蕴含着匠人气质。传统工艺中的这股气息及其发展为地域带来了技术集聚,也被金泽的新都市型产业所继承。接下来我们看一下在高科技、高触感(high-touch)领域的新都市型产业。

作为全国著名的个人电脑周边机器制造商,株式会社 I·O

数据机器(员工 325 人,其中研发人员 80 人,企划 25 人)的社长细野昭雄先生是从著名的地域内发型办公电脑制造商 PFU(原名"ユーザック")独立出来创办的金泽代表性高科技风险企业(high-tech venture)。

在当地的金泽工业大学从事了一段时间的计算机研发之后,于 1976 年创建了公司。最初以资本金 100 万日元起步的该公司,作为 NEC 等大型制造商的承包商生产一些计算机周边机器,后来通过开发北陆的基础工业纤维工厂的纤维运转监视系统(device watcher),完善了事业内容。

细野社长讲述了成功的关键。

我们在设计当地纤维工厂自控系统的时候,注意到硬件功能跟不上个人电脑软件的发展。所以就尝试制作内存扩充板(memory board),才有了现在这个产品。而且,硬件制造商的标准有着微妙的差别,必须进行细致的应对。像这种缝隙,就是我们这样的风险企业的机会。而且,在该领域一旦掌握了"标准规格",那么即便是小企业也能够开拓全球市场。

1984 年,以自己的方式开始了内存扩展板的开发与销售,市场需求蜂拥而至。自有技术 I·O Bank 方式(通过 I/O 数据机器,Bank Memory Specification)成为内存扩展板的"标准规格",逐渐占据了市场第一份额。随着个人电脑的普及,公司社长注意到所开发的软件与储存器容量之间不匹配,凭借着匠人精神,将公司的这一外设产品迅速而灵巧地渗入大型制造商未能到达的夹缝中,取得了成功。

在股票上市的 1991 年,销售额达 95 亿日元,经营利润达 8 亿日元;1996 年度,分别达到了 521 亿日元与 30 亿日元。在销售额中,60％为主打商品内存扩展板与内存卡(RAM card),最近开发出能够再现音乐记录的 MP3 播放器,在新领域也扩大了产品群。

现在,拥有装瓶(bottling)系统的全国第一份额、成为金泽尖端领域的中坚企业的涩谷工业株式会社(员工 1300 人),以前为金泽的本地酒厂家中村造酒制造酿酒机器,可以说是传统产业培育出来的机电一体化产业。

比起清酒的质量,该社的社长认为容器更是卖点。他积极致力于自动装瓶系统的开发,根据每个客户的需求采用不同方式的工作,可谓是货真价实的"一品料理"①。正是灵活发挥了"金泽匠人气质的传统",才成为该领域的第一名。

为了熬过不景气的泡沫经济,开拓新领域的意志亦很高昂。顺利推进人工透析机的 OEM 生产②;针对事业所的废物处理成

① 一品:单一、唯一、招牌。
② OEM(Original Equipment Manufacturer),品牌生产者不直接生产产品,而是利用自己掌握的"关键的核心技术"负责设计和开发新产品,控制销售和销售渠道,其生产能力有限,甚至连生产线、厂房都没有。为了增加产量和销量,降低上新生产线的风险,甚至为了赢得市场时间,通过合同订购的方式委托其他同类产品厂家生产,所订产品低价买断,并直接贴上自己的品牌商标。这种委托他人生产的合作方式即为 OEM,承接加工任务的制造商就被称为 OEM 厂商,其生产的产品就是 OEM 产品。

套设备，也从试验品阶段发展到量产阶段。以技术积累为支撑，迈向环境与医疗新领域。

另外，与本地的豆腐店、寿司店合作发展起来的自动豆腐机械制造商、自动煎炸机械制造商、回转寿司传送带制造商等食品加工机械制造商，也分别在各自的领域内占据了全国顶级份额，无一不是多品种而少量生产。作为名副其实的"尖端技术时代的匠人生产"的领导者，活跃在各个领域。

并且，这些制造商都是以计算机控制系统化为目标。例如，传送带机械制造商石野制作所（株式会社）在 1974 年刚开始生产回转寿司传送带，就凭借自动斟茶装置的开发与寿司机器人的开发迅速成为业界的龙头老大，还积极计划进军海外市场。

另外，拥有自动豆腐机械全国最高份额的高井制作所（株式会社，员工 116 人），与计算机制造商 PFU 共同合作，在被豆腐匠人感慨为"最难工作之一"的煮沸作业中，成功引进了类似人脑功能的神经技术（neuro）。拥有"匠人技艺"的高科技豆腐机也许可以成为后继无人的豆腐业界的救世主。

正是这样，金泽所蕴藏的匠人气质及与食文化结合发展起来的食品相关机械工业，为当地的软件公司（software house）与系统公司（system house）等风险企业开拓了发展的可能性。

在纺织品部门出现复活征兆之前，服装领域的新浪潮已然形成。有一家企业不仅开拓了时尚制服新领域，还一举占据了最高份额。

株式会社 YAGI CORPORATION(员工 200 人)原本只是一家运动休闲裤的承包商,但是在八木孝男出任社长之后,他预测了时尚制服业界的前景,以目录销售(catalogue sales)为武器,提升了业绩。在金泽美术工艺大学学习工业设计的该社长,最初就职的电器制造商是大公司,他在那里担任家用电器产品的目录销售,所以能够预见目录销售的可行性。

八木先生接连成功开发了本公司的名牌产品,成为业界的顶级企业。金泽虽然处于纤维产地,但服装界非常缺乏时尚感,八木先生注意到了制服这一稳定的产品,并将其时尚化、高触感化,从而在夹缝中寻求专业化,实现了飞跃。

另外,该社将使用过的产品回收后进行二次利用,同时还引进了通用化设计(Universal Design),早早地投入老年人看护及残障人士用品开发之中。自 1991 年度起便成为地方中坚企业的第一名,创建了财团法人"mécénat foundation",在 mécénat(企业对文化的支持)事业上崭露头角。该社简直可以称作"新文化生产时代的纤维业界"的领袖了。

从印刷界转向设计与多媒体内容领域的则是高桑美术印刷株式会社(员工 258 人)。自藩政时期以来便与文艺、学术活动相辅相成发展起来的金泽出版印刷工业,支持了活跃的本土文学运动,近年来出版了很多小众杂志(mini communication)①,表现出

① 20 世纪 60—70 年代流行的自主制作的杂志,相对于大众媒体(mass communication)的以较少人数为对象的杂志(mini communication)。

值得夸耀的独特的文化性。

该社原本从事金泽本地酒制造商的商标印刷,依托设计与技术支持,接受了全国本地酒50％的商标印刷。现在,不仅仅是商标,还拓展了从包装到市场营销的综合性营业活动。

接着,又设置了综合企划开发部门,制作了计算机指南等具有设计性、美术性的印刷品,追求高附加值化。从1995年度开始,参与制定数字档案馆(digital-archive)新石川信息书府事业,通过数码内容记录保存石川县的传统工艺与艺能,以其高精密画像及设计性提高了声誉。1997年,新开办了媒体广场"行星"等设施,正式进军多媒体内容领域。

站在金泽文化生产前沿的是本地酒制造商福光屋(株式会社,员工140人)。创业以来,拥有400年历史的福光屋以东海北陆地方酿酒业界第一名的实绩,跃居为顶级厂商。在日本经济高速成长期,酿酒先进地区的滩①、伏见②的制造商,借着电视广告进行大量生产与大量销售,提高了全国占比。但是另一方面,质量下降,反而让消费者远离了日本酒。

对此,福光屋通过发掘自己的拳头商品的原创性而保证了品质;依靠多品种而少量生产的方式,根据消费者的需求创造出多种多样的新产品,深受好评。该公司不仅继承了传统的味道,同时也实行了创新传统的新战略。继承了上一代的酒窖的福光松

---

① 兵库县神户市东部的区名。自1840年宫水发现以来,成为著名的酿酒地。
② 京都市南部的区名,是江户时代幕府的直辖地。著名的酿酒地。

太郎社长,实现了所有产品出库本酿造酒化①,改制成口感辛辣且余味深长的佳酿。

福光先生推进了生物工程的研究开发,在不断提高新产品质量的同时,还策划了地域内发型活动 Foodpia Kanazawa(金泽乡土食文化),在全国受到了高度评价。Foodpia Kanazawa 的概念是 food(食物)节日兼风土节日,传递出金泽独特的食文化信号,是将地域的"风"与"土"结合起来的创新尝试。

"风"是漂泊者,"foodpia"就是从全国招徕文化人;"土"是定居者,也就是地域居民与地域常住法人(地域内发型企业),从这个概念可以看出柳田国男的民俗学及鹤见和子的内发型发展论的影响。

他们希望在金泽与能登、白山麓举办的"食谈"会场上,让漂泊者与定居者进行交流,这将会在几乎被沉重的传统压得透不过气来的金泽,吹进创新的思想与文化之"风",从而对"土"的意识进行改革。

通过从全国各地而来的文化人与知识分子的信息传播力,活动取得了圆满成功。不仅在草木枯萎的冬季增加了观光客,而且因为唤起了地域主体性而搞活了金泽的经济界,带来了经济效益。这简直就是"文化引领经济的活动"。

作为"后 foodpia"的尝试,福光社长与 YAGI CORPORATION

---

① 本酿造酒,日本酒,以白米 1 吨兑 120 立升以下的酒精进行酿造的无糖清酒。

的八木社长、高桑美术印刷的高桑社长等人与总部建于纽约第五大街的国际设计学园①进行了商谈,在 1992 年 4 月创建了相当于日本分校的法人机构——金泽国际设计学园②。

其目标是为了培育出金泽欠缺的后现代设计师。作为企业的文化投资,在金泽市中心建造新匠人培育根据地的尝试与博洛尼亚(参见第二章)的实验如出一辙。

培育出支撑尖端技术的软件人才及创造出高触感的设计师,并在金泽扎根下来,正是这种都市集聚的魅力,才能诞生出新的高附加值产业与企业。

像这样通过高品质的文化集聚来谋求都市经济发展的新产业发展方式,我称之为"活用文化集聚的都市文化生产"。

金泽指向的"文化生产"(如图 3-1 所示),在生产工程中,通过匠人技能与感性,以及与高科技机器相结合,生产出具有高文化附加值的产品或服务→构建从生活产品产业到机电一体化产业、软件设计产业等地域内发型企业之间紧密而有机的产业相关结构→从地域外部所赚取的收入,在地域内部进行循环的同时→面向新文化投资与文化消费,由文化投资对民间的设计研究所、美术馆建设、管弦乐团等运营进行支持;通过提高都市的文化资本,培育成为文化生产中坚的尖端、高触感创造人才,并在地域落

---

① Parsons School of Design,帕森设计学院。

② KIDI PARSONS 是与纽约帕森设计学院合作的日本唯一一家设计学园,1992 年在金泽开办。

地生根。另一方面,文化消费是一种通过生活者来提高当地消费市场的品质,建构对文化生产需求的生产与消费系统,而这种生活者,必须具有享受文化性与艺术性丰富的产品及服务的能力。

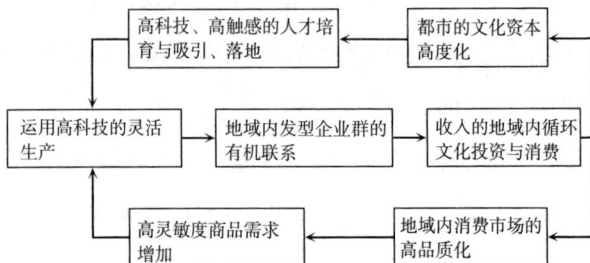

图3-1　金泽的文化生产概念图

后福特主义时代的金泽,在某种意义上来说,试图将江户时代兴起的匠人生产进行复兴与重构。即可以从匠人生产(手工艺品生产)→福特主义(大量生产)→文化生产(新手工艺品生产)这样一个历史发展过程中,对金泽的文化生产目标进行定位。

经过了20世纪70年代两次石油危机,福特主义引导的大量生产=大量消费系统遇到了危机,后福特主义的新文化生产逐渐产生影响,金泽的都市型产业也迎来了文艺复兴。尤其令人感兴趣的是,金泽的传统产业以匠人生产系统为基础,发展成为后福特主义的文化生产。

今天,"工作室企业""知识大众""生活的艺术化"等关键词不断普及,这说明了大众对"超越福特主义的文化生产系统"的兴趣越来越高涨。

5 从保护到创造——金泽文化行政的发展

"金泽市民艺术村"的实验

1996 年 9 月,与浅野川一同流过金泽市的清流犀川与 JR 北陆线的交汇之处出现了一个"金泽市民艺术村"。原本这个地方是金泽纺织株式会社(后改名为大和纺织株式会社)的工厂运作之地,那是纤维产业还在金泽经济中唱主角的时代,最兴盛的时候甚至从九州地区招收女工,现在这里成为近代产业遗址。买下工厂旧址的金泽市,准备应市民的强烈需求建造一些戏剧及音乐排练设施。

但是,当山出保市长前来实地视察时,他一踏进这个由 4 栋砖造建筑物构成的仓库便做出了决定。"粗大的梁柱精准地架构与组合在一起,古旧的木地板的温度深深打动了我的心。我一定要将这个仓库保存完好,让市民们在这样的氛围中开展艺术活动。"

而且,他也听取了市民的意见:对于白天工作的市民而言,希望能够提供在夜里使用的设施。于是决定将其改造为"一天 24 小时,一年 365 天"都能够自由使用的设施。就这样,4 座仓库变身为电视剧工作室、音乐剧工作室、生态生活(ecolife)工作室、艺术工作室,将其修复成为既能够练习又能够公演的设施。在运营方面,各工作室从一般市民当中分别挑选出 2 人,合计 8 个主管,自主设计设施使用方案、独立事业企划方案,以及调整使用者之间的关系等,使之成为一座备受全国关注的市民参与型文化设施。

市长的决断十分出色,当然,相应的市民文化志愿者也非常活跃。

自开办以来,担任了 4 年电视剧工作室主管的青海康男先生接受了采访。

虽说是业余爱好者,但是将每一个都具有强烈个性的剧团组建成为一个设施进行运营,这是一份需要极大能量的工作。常常会有人提出意见:"志愿者的水平不够,还是聘用专业制作者吧。"可是那样的话,就将与市民渐行渐远。好不容易开办起来的艺术村,独特的结构也将消解。那么一来,就不会再做第二次尝试。我就是这么想着坚持下来的。

拿电视剧工作室为例。1995 年新组成的金泽戏剧人协会汇聚了 21 个业余剧团,自主讨论制定了运营规则。剧场落成后,首次公演的戏剧节从 1996 年 10 月开始,与文学剧团、当地剧团联合公演《仲夏夜之梦》(莎士比亚原作)。以此为开端,大约开展了半年活动。在这期间,电视剧工作室举办了当地剧团等 25 个团体的 68 次公演,14057 人站上了舞台,21129 人市民观看了戏剧,收获了巨大成功。

此外,艺术工作室举办了当地艺术家作品展,吸引了 2.4 万人前来参观;音乐工作室是摇滚乐队与学生的利用率比较高,超过了 1.5 万人;生态工作室举办了可回收展览会等活动,吸引了 1.8 万人到访。总计在 6 个月中,有 10 万市民参观、欣赏了艺术、文化、环境相融合的活动,涉及"生产与消费"的两个层面。从那之后,5 年中的使用者突破了 100 万人。

期间,电视剧工作室制定了"戏剧复兴 5 年计划",开展了舞台技术培育讲座、面向中小学生的电视剧儿童团、面向高中生的戏剧研讨会等活动;当地自主企划的全国公演计划也正在推进中。

艺术村自开展活动以来,每年平均诞生 6.5 个团体,虽然半数都已经消失,但是包括舞蹈、大众戏剧等在内的团体增加至 43 个,体现了创作新浪潮。向传统文化与传统艺能倾斜的金泽文化政策迎来了转机。可以评价,近代产业的"生产场所"通过市民能动性地参与,正逐渐转化为艺术的"创意之家"。

接下来,让我们回顾一下金泽文化行政的特征。

传统工艺的保存

金泽不仅实现了有个性的产业发展,而且在艺术文化方面,亦展示了丰富的独特性。

以加贺宝生为代表的能乐、狂言等舞台艺术;拥有泉镜花、室生犀星、井上靖等大家,在文学领域内仅次于东京与京都,在地方都市中是首屈一指的水准;尤其是在工艺美术领域,拥有高光一也(人物画)、松田权六(泥金画)、鱼住为乐(铜锣)、木村雨山(友禅)等众多的人间国宝级与艺术院会员。其中,作为传统工艺的陶瓷器、漆工艺、金属美术工艺、染织、木竹工艺等领域内也活跃着诸多艺术家,被誉为全国顶级都市。

在这背后,是不可或缺地支撑着工艺生产的匠人们,是拥有高度鉴赏能力而将传统工艺融入生活、其乐无穷的市民们。金泽市立美术工艺大学、石川县立工业高中等传承人培育机构的充实,也成为重要的支持系统之一。事实上,以人间国宝为代表的很多著名艺术家,都是在这些教育机构里接受了教育,之后又成为这里的教授,再去培养新的接班人。

金泽市现行文化行政具有以下这些特征。

首先,特别值得一提的是,虽然金泽只是一个 45 万人口的地方都市,却领先于其他都市创办了市立美术工艺大学,招聘了很多著名的工艺艺术家为教授,为培育后继者做出了巨大努力。

正如前文所述,第二次世界大战以来,市民要求建立美术大学的活动结出了果实。1946 年,以金泽美术工艺专门学校为根基的大专院校诞生了。一开始有美术系与工艺系两个专业,到了1955 年改为 4 年制本科大学,重新办学。设置了与近代产业直接关联的商学设计、工业设计、工艺设计 3 个专业的产业美术学科和美术学科双学科制。

其次是致力于保护文化遗产。

1949 年 7 月,在国家制定《文化遗产保护法》的前一年、法隆寺遭遇火灾 6 个月之后,金泽市制定了《文化遗产保护评选奖条例》,在战争中幸免于难的金泽,宣扬文化振兴,踏出了文化都市的步伐。

1968 年,制定了《金泽市传统环境保护条例》,致力于传统都市景观保护。在高速成长期,由于都市开发运作,各地的传统都市景观出现了崩溃的局面。在这一背景下,通过作家大佛次郎等人的努力,制定了《古都保护法》,可是该法只适用于奈良、京都与镰仓。

因此,随着金泽固有的传统都市环境遭受破坏的危险性越来越大,金泽在全国率先制定了其独有的条例。这是与市民合作制定的划时代的市镇环境保护的条例。

最初是为了保护流经市内的两条河流犀川与浅野川、位于市中心的兼六园、本多森林公园,以及寺町、东山寺院群落的青山绿水,而后是为了守护普通市民的黑屋瓦、如同迷宫一般的小巷、武士宅院的土墙等在战争中幸免于难的都市传统景观。不仅仅是传统环境保护区内的建筑,区域外那些获得保护认定的建筑也将获得修复资助金。

1973 年,为纪念金泽诞生的文豪泉镜花 100 年生辰,创立了"泉镜花文学奖"及"泉镜花纪念金泽市民文学奖",开创了地方都市向全国公开征文的文学奖先河。

在这样的背景下,可以说金泽是想要"让更多的人认识孕育了镜花文学的金泽的风土与传统",与文化的中央集权化相抗衡,希冀提高地方文化的发展能力。

"管弦乐团金泽"——音乐软事业优先

进入了 20 世纪 80 年代后半期,受泡沫经济影响,东京文化一极集中。倍感危机的地方自治体纷纷开始了文化艺术振兴活动。不过，与浜松市(请参见第四章"3 地方工业都市的复兴战略")、富山市等地方都市致力于建设巨大而超豪华的歌剧院、交响乐音乐厅等重点硬件设施不同，金泽体现了以下特点。

例如，就像创建"管弦乐团金泽"所显示的那般，比起文化厅之类的硬件设施，艺术创造等软实力事业在金泽更为优先。

这不仅仅是出于发扬传统日本文化的目的，也意在耕耘西洋音乐的文化土壤。该团由石川县与金泽市在日本代表性指挥家岩城宏之先生的协助之下于1988年创建，这是日本第一家以室内乐①为中心的专业管弦乐队(乐团成员40名，中等规模编制)。

像莫扎特交响乐全曲演奏等音乐会，邀请了武满彻先生、黛敏郎先生等人作曲，积极开创现代音乐活动。创建10周年之后，其演奏水平甚至获得了国际上的赞誉，专用音乐厅也终于即将落成。

其次是重视市民参与的研修与培训事业。

为纪念金泽市建市100周年，1989年创办的卯辰山工艺工作室向全国招募大众参加者(5—8人)；陶艺、漆艺、染色、金属工艺、玻璃工艺等各家工作室都开办了为期3年的研修，在开展接班人培训技术指导的同时，还开设了面向普通市民的研修讲座。为接班人培育事业准备了奖学金，并接受外国人参加。这种"加贺藩御细工所"精神在现代社会中的应用得到了高度评价。

受泡沫经济余波之影响，金泽的一些武家宅院与历史遗迹也被拆除，高层公寓与写字楼的建造蔚然成风，提出了建设新的副

---

① 由人数较少的独奏乐器组合的合奏音乐。

中心等计划。不过,近年来,在抑制郊区开发的同时,保护金泽的传统都市景观,将金泽建设成高雅城市的声音再次高涨起来。

1989 年 4 月,新出台了《都市景观条例》。在《景观形成标准》中规定了建筑物的高度、形态、颜色、广告牌等都要与地域风格相匹配,积极谋求与传统景观之间的协调。

这一活动发展起来后,制定了《こまちなみ条例》①,保护那些被称为"广见"的老城区传统空间以及围绕于四周的町家②群落;《水渠保护美化条例》对流经城市的辰巳水渠及鞍月水渠等进行重新整修;《斜坡绿地保护条例》对兼六园一带连绵不断的群山台地的树木进行了保护。

对于金泽的这种文化行政,也存在着"虽然很热衷于传统文化的保护,但是文化保守主义根深蒂固"的批判。诚然,泥古于传统而缺乏批判精神的都市文化,不符合"创意都市"。因为缺乏文化创造功能的都市,结果必将丧失培育创意产业的土壤。

在这一点上,备受关注的新文化运动萌芽正是先前所见的金泽市民艺术村的试验。与其相邻,还开设了金泽匠人大学。这是金泽为了保护并传承所继承的高度匠人技能,对已经掌握了基本技能的 30—50 岁的匠人进行免费培训的设施。1999 年又设置了修复专业,学习文化遗产与历史建筑物的修复。

---

① 指的是金泽市保留下来的具有浓郁历史特色的街区。1994 年制定条例,并认定了相关街道。

② 指民宅中商家和工匠居住的地方,是面向道路建造的集居型都市住宅。

"世界工艺都市会议"——从国际视角重塑传统工艺

即便在这样一种传统工艺领域，也逐渐出现了创新尝试。

与京都的"乐烧"^①齐名，著名的茶陶"大樋烧"^②的名人第十代长左卫门的长子大樋年雄先生讲述了他的抱负。

> 出于对名人父亲的逆反，年轻时候的我从来没有碰过陶土。留学波士顿的时候，美国人烧制的陶瓷器对我产生了极大冲击，这是我对陶瓷器产生兴趣的契机。千利休提出"守·破·离"的主张，认为不能一味固守传统。如果不"破"之、"离"之，不进行持续的创新，那么传统将会止于单纯的传承而衰败。所以，我一边与世界各地的陶艺家交流，一边挑战制作新的"大樋烧"。

1997 年，金泽市召开了第一届世界工艺都市会议。这次会议很重视作为艺术与产业的连接点的工艺。金泽与那些在城市复兴建设中灵活运用了匠人造物精神的世界都市进行了交流，同时计划在金泽传统工艺与城市复兴中引进新的创意方案。参加的都市有佛罗伦萨、哥本哈根、伊斯坦布尔、京都，分别邀请了政策

---

① 用手捏出形状，以低温烧制的软质陶器。天正年间（1573—1592），由京都的长次郎在千利休的指导下开创。分赤乐、黑乐、白乐等种类。

② 加贺金泽的乐烧。宽文年间（1661—1673），由金泽的大樋、京都的陶工长左卫门开创。

负责人与匠人。其主题主要是传统工艺的接班人培养与市场开发。

接着,在1999年召开了第二届会议,有来自威尼斯、博洛尼亚、日内瓦的与会者。当时,博洛尼亚的金属工艺品匠人马克·卡萨格兰德先生(见第二章)也收到了邀请,他与加贺镶嵌的年轻艺术家进行了交流,并进行了指导。

通过这些国际交流,金泽市将"造物之心"应用于"城市复兴","溜达巴士"就是一个极好的案例。

"金泽溜达巴士"①的实验

1999年3月,金泽市开始运营全国第一部名为"金泽溜达巴士"的小型无障碍巴士②。"溜达"这个独特的名称,不仅体现了市民出行购物或散步时的轻快心情,也与为照顾老年人上下车而设置的无台阶差、低地板的"平底"相谐音。

为了能够在大型巴士无法进入的狭窄街巷中穿行,"溜达巴士"搭载了不能自行驾驶汽车的老年人,有时候会以5公里的时速晃晃悠悠地穿过市中心那些不再热闹的商店街拱廊。这是一个为方便老年人出行、消除交通不便区域、搞活商店街的"一石三鸟"之计,自运营以来,每天大约有500人,而且主要是老年人使

---

① kanazawa-flat-bus,金泽市的社区公共汽车,这个名字来源于车门无台阶差及车费低廉两个意思。

② Non step Bus,low-floor bus,低地板式公共汽车,是一种地板高度比常规低很多的公共汽车。

用,对商店街的营销也产生了理想效果。

在收获社会好评之下,第二年又增加了一条线路,创造了日均 1000 人使用的佳绩,这是一个非常成功的实验性措施。

事实上,这个主意是山出市长自己想出来的。他说,去访问博洛尼亚的时候,在与马克先生等人说话之间,拦下了一部穿行于小巷中的迷你巴士,坐进去体验了一把,然后就冒出了这个想法。

这真的就像欧洲创意都市研究团所主张的那般,"创造性解决问题的连锁反应"应运而生了。

6 内发型创意都市金泽的中坚们

最后,我想从经济界、市民、市行政三个维度来讨论走向 21 世纪的内发型创意都市金泽的课题与发展方向,这三者是如何架构的呢?

正如前文所见,金泽经济界人士热衷于培育传统文化保护、都市景观保护的土壤,可以说在这方面金泽经济同友会政策理论活动的积累发挥了重要作用。金泽经济同友会的领导之一,清水忠先生在该会建成 30 周年的纪念刊物《从金泽到"KANAZAWA"》上,评价了金泽所拥有的"协调、共生、批判的文化传统",并"在发挥对功利与算计优先的物质文明的批判精神的同时,与其发展共生"。他说:

现在,我们正通过对金泽这座都市的经济分析,阐明其内发型发展的谱系。在这个节点上,再一次让我们深切体会到文化传统与经济模式之间的深厚渊源。地域经济的内发型发展,要保持进出平衡、要充实圈内经济循环、要确保自主意志的决定权,至少这三点底线需要确保。

另外,如果不介意逻辑上的跳跃,经济与文化,表面上理应是二律背反关系的价值,在适应金泽的都市结构的同时,自然而然地协调一致、共同繁荣,这正是金泽经济甚至可以说是金泽文化的真正价值。

如上所述,在确认经济与文化的紧张关系,或者说金泽所拥有的文化传统与全球发展的物质文明之间的对立关系的同时,使其形成共生且调和的特性,成为金泽经济界人士内心的共识。基于这样的理念,经济同友会就都市景观保护、都市交通、都市环境中的用水保护等问题接连不断地向政府建言,督促了市民与行政。为实现地域社会达成共识,经济同友会发挥了先驱性的作用。

作为面向 21 世纪的中心事业,经济同友会准备持续举办金泽创意都市会议。这是拥有雄心壮志的会议:在所谓“都市的世纪”的 21 世纪,都市必须处理什么样的问题,与 21 世纪相匹配的是怎样的都市模式,这些重要主题在“实现文化与产业的创意都市金泽”的舞台上进行讨论,提供都市政策的“实验场所”。该会亦呼吁世界各地的都市研究者、都市政策负责人,以及关心都市问题的市民一同参与。

专题研讨会预备会议已经召开了三次,除了伯明翰、阿姆斯特丹、博洛尼亚等海外都市之外,还邀请了来自东京、京都、横滨等都市的参加者,执行委员会会长福光松太郎先生等人将来还打算成立国际创意都市学会。

另一方面,对整个都市环境与都市文化都非常关心的市民运动,除了针对在市中心建造高楼大厦,以及担心辰巳水坝建设将会破坏历史文化遗产而掀起了反对运动等之外,其运作明显滞后于经济界。

不过,最近在环境问题上,艺术村的生态工作室新搬迁至东部回收大厦,再资源工作室与友自然工作室(亲近自然)等开展了新的活动;参加石川环境网络的环境集团一边向弗莱堡①(请参考第四章"2 从环境保护到环境文化创意都市")等都市学习,一边对自驾车进入市中心进行了限制,提出了恢复路面电车等建议。在文化领域方面,市民艺术村的电视剧工作室的艺术家们建立了金泽电视剧网,策划在当地创作剧本、在全国公演,出现了很多新的动向。

继而,自1999年实施《NPO特定非营利活动法人法》以来,金泽的福利、医疗、艺术文化、环境保护、振兴城镇等领域的市民团体也重新获得了认证,草根市民的参与正在形成一场大运动,其今后的动向值得期待。

1995年6月,金泽市长山出保先生提出了"金泽世界都市构

---

① Freiburg,位于德国西南部的都市。

想",并在 1996 年制定了长期计划。其基本主题:"正因为是超越
400 年的非战都市·和平都市,才维系并发展了其连绵不断继承
下来的个性,在自我的历史上履行职责的同时,果敢地致力于地
球所面临的新课题,希望借此增强'世界都市金泽'的自负。"并提
出了其"都市形象",即成为"虽然在地球上是一个规模很小的都
市,却是一个能够主张自我、绽放独特光芒的都市"。它不是纽
约、东京那种站在世界体系顶点的"世界都市",而是拥有以独特
个性的产业及文化为底盘设计构想的"创意都市"。

从内容上来说,第一,在完善高速广域交通基础、电信中心等
高度信息通信系统的高级都市功能的同时,引进新交通系统,促
进已出现衰退迹象的市中心的复兴。第二,重视金泽优秀的个
性——自然与历史,高扬传统文化,形成有魅力的都市景观,创造
新文化,培育自觉未来型产业。第三,作为福利型都市,金泽要确
立起固有的系统,通过振兴地方共同体来促进市民本位的宜居环
境建设。

通过上述三者之间的互助协调、批评和促进,逐渐形成了迈
向 21 世纪的金泽创意都市战略。

第四章
实现创意都市的多种路径

此前,我介绍了作为创意都市典范的意大利的博洛尼亚,以及打算建设成日本的创意都市的金泽,此外还有很多都市也尝试了各种各样的方法。在本章中,将介绍一些在欧洲与日本艺术文化及环境领域中受到关注的都市建设。

首先,从欧洲创意都市研究者都十分看重的伯明翰说起。

1　依靠"创意都市战略",从重工业都市转型重生

被迫重构的"世界五金工厂"

与博洛尼亚相反,伯明翰(人口约 100 万)受到关注是因为它

是一个为了摆脱"雾霾重重的重工业都市"形象而采取了"创意都市战略"的都市。

领导了英国产业革命的伯明翰,自18世纪后半叶起至19世纪后半叶完成了高速成长,讴歌了经济繁荣,甚至发展成为英国第四大都市,确立了"世界五金工厂"的地位。特别是在用贵金属制作首饰、纽扣、黄铜产品等需要专业技术的金属制品领域极其出色,成为世界闻名的"可以做一切金属制品"的都市。

19世纪70年代以后,为了能够与国外竞争,产业结构从金属制品等转向汽车、电气化产品等加工组装产业。市中心周围逐渐出现了典型的重工业工厂街,伯明翰的"烟"成为重工业都市的象征。

由于产业结构发生了改变,导致都市人口急速增长,贫富差距扩大、失业者增多、贫民街扩大等都市问题相继发生。因此,伯明翰市议会将精力集中于新公共设施、市办住宅建设,以及没落的中心部(inner city,中心街道及其周边区域)的再开发上。

首先,19世纪末至20世纪初,建造了图书馆、美术馆、公园、艺术学校等公共设施,至今依旧活跃的REP剧院(Birmingham Repertory Theatre)、交响乐团都是在这个时候建立的。其次,第二次世界大战之后,从20世纪50—60年代,市政府在郊区大量建造市办住宅(房间内配有厨房的休闲型高层公寓)。一方面拆除了市中心荒废的建筑物,扩大了道路及停车场;另一方面又推进郊区的都市开发,导致城市无序化、市中心街区空洞化。

后来,尽管政府也建设了环绕市中心区域的环状道路,对萧条的商店街进行了新开发,但是由于地价上升及交通量增大,导致生活环境恶化,企业与居民陆续搬迁至郊区,1971—1981年的10年间,市中心区域人口减少了17.6%。

进入70年代,支撑着伯明翰都市经济的重工业逐渐衰退,位于市中心区域的企业相继裁员,工厂倒闭。市政府的公共事业预算被削减,其结果导致房地产泡沫经济爆发。特别是第二次石油危机之后,自1978年起情况愈发严峻。

从1979—1984年,在就业率减少30%、失业率增大及生活水准降低等情况下,市民对官僚主导型的都市再开发进行了强烈批判,最终在70年代以后,大规模项目被中止,慢慢开始向"重视人的都市政策"转变。

向着"以人为本的市中心复兴战略"

于是,以建筑物的拆旧翻新为代表的工业化时代的都市政策向着重视环境、文化、宜居的都市政策发生了转变。

1978年,宝石工作室一条街、迪科贝特地区等过去的工厂一条街被指定为"复兴"区域。并且,"保存"与"修复"两个词语成为关键词,保护历史建筑物及拥有独特建筑样式的建筑物的意识深入市民之心。接着,一些市中心街道开始辟为步行者专用道路。

1984年,第一次制定中心街区再开发计划,指出了以步行者专用道路为网点进行扩展的重要性。

接着,在1988年3月召开的都市中心研讨会上,决定了"以人为本的市中心复兴战略",终于迎来了转机。

市议会新的规定禁止汽车进入中心街区,推进了步行者优先的道路建设,对市立美术馆进行了改建与充实,建成了与音乐厅合为一体的集会大厅,决定将市中心改造为"文化的创造空间"。

最终,曾经被煤烟燎熏的重工业都市逐渐褪去了原来的模样,中心街区挤满了享受购物的行人;市立美术馆展示了与威廉·莫里斯①同时代的画家、作为拉斐尔前派②活跃的伯恩·琼斯③等人的名画,还新设置了利用新型多媒体展示当代(contemporary)艺术作品的图标画廊(icon gallery),扩大了年轻艺术家的发表阵地。

产业革命以来,运河对工业产品的输送发挥了重要作用,成为近代产业遗产。通过对运河的保存及修复,开辟了乘坐小船的"运河观光",将运河沿岸古老的仓库群改建成饭店、宾馆,促进了文化旅游业的发展。

通过上述都市政策的转换,1981—1991年,虽然制造业的就业率进一步减少了35.6%,但另一方面,新型的专业服务、金融、新媒体等领域的就业率增加了34.7%。

---

① 威廉·莫里斯(William Morris),英国拉斐尔前派画家、建筑家、手工艺术家。

② 拉斐尔前派是19世纪中期出现在英国的一个绘画流派,在英国艺术史和世界艺术史上占有重要地位。

③ 爱德华·伯恩-琼斯(EdwardBurne-Jones,1833—1898)带动了拉斐尔前派活动的第二次浪潮,而伯恩-琼斯也被誉为是后期拉斐尔前派运动中最杰出的艺术家。

蛋奶工厂①变成了"创意空间"

然而,真正的市中心复兴并不仅仅是中心街区的物理性改建,而是通过每个地区独有的氛围与活力四射的市民创意活动才带来的复兴。

19 世纪产业黄金期活跃的迪格贝斯②地区工厂林立,其中蛋奶工厂的复兴令人瞩目。在这里,真正让人感受到都市复兴的氛围与活力。

1992 年以后,民间组织 Space Organization 出资约 2000 万英镑,继续对蛋奶工厂地区进行开发。

SPACE 取自 the Society for the Promotion of Artistic and Creative Enterprise,也就是艺术创意事业推进协会每个词语的首字母缩略而成的一个自发性组织的名称,专门致力于中心街区的复兴;在英国各地向小型艺术团体或个人艺术家提供价格低廉的工作室。

也就是说,SPACE 将以往荒废的工厂从"生产空间"改变成"创意空间",承担起象征了"后工业化时代"的事业。

在特定的场所里,各个领域的艺术家们济济一堂,这刺激了艺术家之间、艺术家与普通市民之间的交流,从而激发了"创意之家"的诞生。蛋奶工厂便是这样一种创意氛围满满的空间。

---

① Custard Factory。

② Digbeth High Street,曾经是维多利亚时代的工业中心,2019 年被评为"英国最酷社区"第一名。

现在，大约有350个艺术家活跃于200个工作室里，房租每周18英镑，远远低于伯明翰市内的平均租金。

在蛋奶工厂里，除了工作室之外，还有剧院、艺术画廊、彩排室、舞蹈房、餐厅、茶室、商店等设施，将来还准备设置更多的工作室、艺术系大学生公寓、爵士俱乐部、电影院等设施。蛋奶工厂的再开发预计于2001年完工，计划到那时候能够为大约1000个艺术家提供将近76200平方米的工作空间。

像蛋奶工厂这种"艺术与媒体的街区"，为当前英国社会所直面的年轻人失业问题提供了解决方法，具有重要的意义。

蛋奶工厂吸引年轻人的魅力不外乎两个。其一，是一个能够让年轻人在娱乐之余认识新的人、进行对话交流与社交的"场所"。其二，是一个能够让年轻人学习各种各样的艺术，将来有机会成为专业艺术家的"场所"。

SPACE为了给在蛋奶工厂里开展活动的艺术家做宣传，举办了展览会、演奏会、戏剧公演等丰富多彩的活动，向作为文化消费者的市民介绍了他们的作品与表演，并且向艺术家们无偿提供各种信息及商业建议。

文化政策与经济政策的融合

对这一创意文化扶持活动予以支持的，是1989—1990年伯明翰市议会上提出的新艺术文化政策。

1989年新成立了艺术文化经济小委员会，它超越了以往与艺术文化相关市议会各委员会的界限。1990年3月，该小委员会通过了市议会提案的新"艺术文化战略"。

在这个新都市战略中,明确了振兴艺术文化产业的目的,提出了提高伯明翰市民的"生活品质"、针对年轻人的艺术教育与研修、改善都市环境及印象、复兴都市共同体等综合性目标。

伯明翰艺术文化战略出台的初衷,是希望通过地方自治体对新成立的小型艺术团体或者年轻的个人艺术家给予扶持,发展具有高度成长潜力的文化产业及事业。

这可以称为艺术文化领域中的风险事业培育政策,由市议会提供"文化的孵化器"。

在这种情况下,对艺术文化产业振兴投入的资金,不是以往的补助金或赞助费,而被定为一种投资。其理由是,对无名的年轻艺术家提供支持与培育的文化投资同高科技企业一样,失败的话带来高风险,成功的话则以增加就业率及税收的形式获取高额报酬。

通过实行这样积极的文化振兴政策,伯明翰市议会为伯明翰现代音乐团、伯明翰市巡回歌剧,以及 Black Voice 音乐集团等著名音乐团体的成长发挥了孵化器功能,奠定了今日"英国的音乐都市"的地位。

伯明翰"艺术文化战略"的特征

伯明翰市文化政策负责人 A.萨吉安特先生滔滔不绝地说起艺术文化产业振兴政策的特征:

首先,我们所做的事情是促进伯明翰市议会与民间企业,以及与非营利团体之间的合作关系。20世纪90年代以后,市议会开始对艺术文化产业提供扶持,不仅包括戏剧、古典音乐、歌剧、芭蕾等传统艺术,还有面向年轻人的电影、摇滚乐、舞蹈、设计、时尚、现代戏剧、出版等艺术文化产业。

可是,另一方面,文化预算逐年大幅削减,慢慢地将面向年轻人的艺术扶持委托给民间或非营利组织,其结果是,将能够商品化的艺术活动与娱乐、需要灵活性和当场判断的事业都交给了民间与非营利组织。

除了我亲自参观的蛋奶工厂案例之外,伯明翰市的形象改善宣传活动交给了民间企业——伯明翰营销伙伴关系(Birmingham Marketing Partnership),中心街区的重振计划委托于兰德设计调查等民间咨询公司。而对于从市中心蜿蜒流淌至郊区的运河保护及复兴利用,则交予环境保护组织 Grand Work。

提高并维持当地艺术家的艺术活动的水准,是一件非常重要的工作。1992年伯明翰参加了中央政府主持的项目"艺术2000",被认定为"英国的音乐都市",因此准备了很多音乐活动。当时,优先委任当地艺术家进行演奏,而不是先去邀请外面的音乐家或乐队。并且,因为亚洲、非洲以及北非系(caribou)的移民占伯明翰人口的20%,所以音乐及舞蹈表演就委托给这些少数派艺术家。

合作关系与当地优先的原则给人留下了深刻印象。

根据市场调查,参加鉴赏活动的市民中90%都认为音乐活动的水准很高。而且,皇家伯明翰芭蕾舞团与伯明翰交响乐团不仅在当地享有盛誉,还受到世界各地评论家的高度赞誉。萨吉安特先生接着说:

> 为了让市民能够轻松参加伯明翰市主办的艺术文化活动,与"英国的音乐都市"有关的活动一半都是免费的,剩下的一半,设置为低于10英镑的优惠票价。在1998年的"艺术庆典98"上,周末两天内开展了200多项活动,而且全部免费,以便于更多的居民及游客参加。

在积极实施了这一文化政策之后,1992年的调查显示,1990年伯明翰的艺术文化产业的收益约2亿2500万英镑,这个数字大约是市政府为振兴艺术文化产业投入3000万左右英镑的7倍。

另一方面,虽然认可了艺术对于市中心复兴具有良好的效果,但是,其产生的便利性终究无法普及贫困的地域共同体,因此有批判说不要再为中心街区的振兴而耗费资金,而应该对残障人士、少数派、退休人员、低收入者、失业者等社会弱势群体给予更多的财政资助。

也是出于对此类批判的回应,伯明翰市议会正在努力将所有的艺术文化活动都设置成免费入场,活动面向包括少数族裔在内的所有市民。萨吉安特先生的雄辩给我留下了深刻印象。

2 从环境保护到环境文化创意都市

从反对建造核电站到制定环境政策

位于德国巴登-符腾堡州^①东南角上的弗莱堡^②，近年来成为世界闻名的环境都市及可持续性都市，同时也被高度评价为创意都市。其理由是，该市不仅通过先进的环境政策维护了高品质的"创意环境"，还促进了新产业的诞生。

1120 年独立为自治都市，无愧于其德语之名"自由都市"的弗莱堡是一个充满了自治精神的都市，也是一个在 1457 年创办了德国第二古老大学的都市。其主要"产业"可以说是"大学"，除了著名的弗莱堡大学之外，还拥有音乐大学、教育大学、专门大专等学校。即便在现在，20 万总人口中大约有一成是学生，也就是 2.4万人是学生，是一个"学问都市"。

此外，虽然弗莱堡也有尼龙等合成纤维制造商、制药公司等企业，但是并未建成重工业，所以没有经历过严峻的产业公害。

环境政策得以推进的契机在于 20 世纪 70 年代后半期，与法国国境邻近的莱茵河畔陆续建造起核电站，该地区的居民们发起

①　Land Baden-Württemberg。
②　德国巴登-符腾堡州的独立市。

了强烈的反对运动。特别是以往被视为保守派的葡萄种植农户担心声誉因此受到损害，站到了反对运动队伍的前列。

经过漫长的仲裁，最终批准在距离弗莱堡大约 30 公里的一个名为毕鲁的农村建造核电站。但是，在 1984 年，州政府判定"在政治上不允许贯彻实行该计划"，宣布计划终止，从而促进了弗莱堡周边地区的环境运动。刚刚成立的绿党①在市议会中势力强大，与社会民主党等党派联合起来获得了相对多数票，推进了先进的环境政策。

弗莱堡环境政策最为独特的地方在于，在迫使核电站建设计划撤回之后，不仅转向自然能源利用，而且如图 4-1 所示，涉及交通、垃圾处理、产业振兴、住宅、福利、文化等行政与市民生活的方方面面，也就是在生活文化的广泛领域内贯彻"可持续性社会"的观点，不断取得了扎实的成果。

1979 年中心街区全部设置为步行者专用区域，对私家车使用做了规定，开始实施以路面电车与巴士为主体的"环保交通政策"。1986 年设置了环境保护科，1990 年将环境保护科与绿地公园科、林业科、废品管理科合并为环境局，并设立了统管这些事务的环境副市长。

这些实绩受到了高度评价，众所周知，1992 年弗莱堡被评为德国的"环境首都"。

---

① 绿党是近年来联邦德国政坛上一支引人注目的新兴政治力量，它的崛起与女权运动、和平运动及生态运动有着密切关联。

减少汽车：减少停
车场、涨价、限制
小区内速度

减少垃圾对策：禁止
使用一次性餐具等

推进自行车：延
长自行车道

推进公共交通机构：
地域环境月票、电
车的车辆改善等

4 分类：混合垃
圾、纸类、复合
材料、堆肥

3 垃圾

1 交通

效果

收集混合垃圾的
处理厂产生的腐
败气体

酸性雨
大气污染

利用

弗莱堡市

效果

利用气体
热电联产

4 自然保护、住
宅绿地计划

太阳能发电等
地区自行发电

2 能源

植物、野生生物
保护：禁止砍伐
树木等

市内气候
改善

5 产业

绿地管理：
增加草地等

太阳能电池板
的产业化

节能住宅开
发、建设

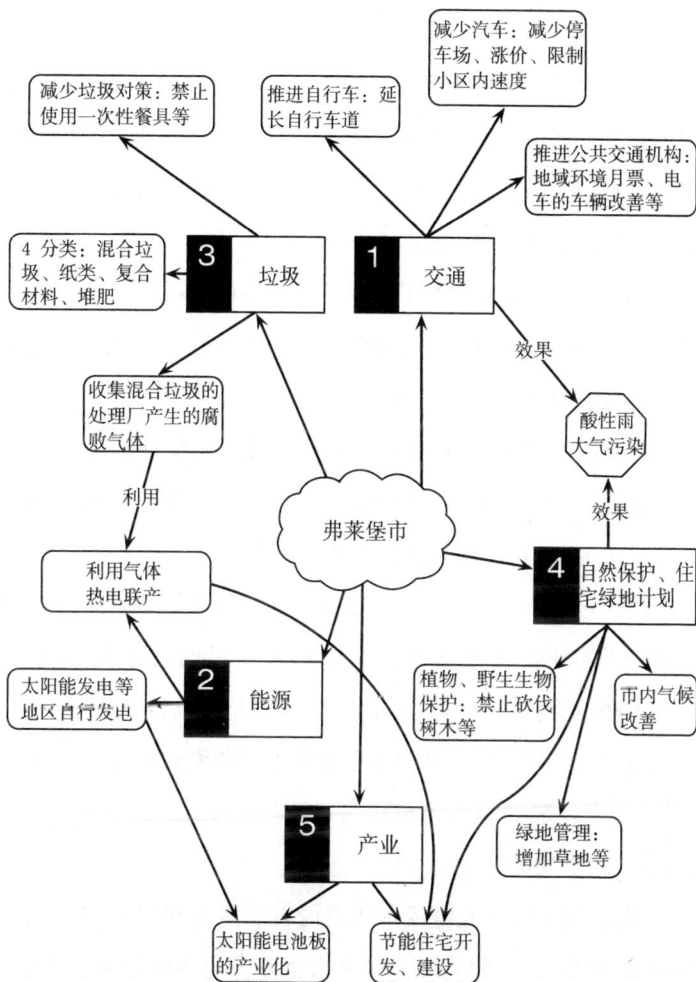

图 4-1 弗莱堡市的循环型都市政策

太阳能（Solar Energy）的综合利用与开发

在环境政策中特别值得瞩目的是，这座饱受了太阳光恩惠的都市充分发挥了德国南部地域的特点，在利用太阳能发电及开发研究上倾注了精力。与此同时，推进了其终极目标的替代政策——通过废热发电（cogeneration）供应电力。

利用将填埋混合垃圾的处理厂所产生的腐败气体来发电，同时将其当场产生的热量用于供暖，1998年以后，市内电力消费的50％都是由废热发电提供的。

以能源政策为中心，建设成综合性的太阳能地区为目标，太阳电池板（solar panel）组装公司在当地资本的支持下创办起来，不仅供应地域内消费，还创造了出口业绩。

该公司的产品广泛使用于住宅、学校以及足球场。当然，太阳电池板的开发也是公司今后的课题，职员也只有60人左右。公司大楼本身就是利用太阳能发电的，因此也成为一个全年能源自给自足的实验工厂。从对太阳能发电的研发到成为一个制造、销售、使用系统等地域完成型（Local Completed）综合性社会实验，具有很重要的意义。

现在，为了推进发电成本较高的自然能源利用，弗莱堡市出资（市政资金）63％的能源·自来水事业公司高价购买了太阳能发电；另一方面又引进了绿色电费制度，针对使用核能发电以外的电力消费者加收10％电费。通过这样一种系统来促进市民的观念改革，是一个很有意思的措施。

以改造保护为中心的都市计划

弗莱堡市的都市环境与都市计划体现出这样的特征：在第二次世界大战中这块地方遭受了轰击，大约80%的中心街区被炸为废墟，弗莱堡市对道路及建筑物进行了复原，保持了传统都市景观，并成为一个可以让人安心踱步的空间。

奇迹般免于战火摧毁的弗莱堡大教堂（Münster），周边的历史建筑物得以修复，广场上每天早上都会开放露天市场。在大教堂的左侧，从附近的黑森林（Schwarzwald）农村运来的新鲜蔬菜与肉类摆满了商店，其中有机栽培的蔬菜与肉类特别受欢迎。在广场的右侧，从欧盟各国运来的葡萄酒、橄榄、西红柿等食品堆积如山。

从中央广场穿过小巷，一直到在战争灾难中幸存下来的神学校街附近，匠人工作室林立，年轻的工艺家们在店前摆摊。弗莱堡市也是一个"匠人与工艺"的城市。

在这种传统街道上是禁止私家车行驶的，采用步行与自行车优先的环保交通政策，想必获得了市民的理解与认同感。人们从郊外乘上低地板式舒适的有轨电车，再到中心街区下车，悠闲地购物或就餐。

另一方面，郊区大力推进环保住宅的开发。从市中心乘坐有轨电车往西行驶大约30分钟，可以到达丽瑟菲尔德地区（Rieselfeld）。20年前，那里还是一个下水道处理厂，第二次世界大战以后，因为有害物质流入此地而引发了环境问题。

在那之后,丽瑟菲尔德地区积极致力于地域复兴,住宅开发派与环境保护派之间掀起了激烈的讨论。最终决定的新地域创造项目严格规定,310公顷之中的70公顷用于建设住宅小区,其余则设置为保护区域,实现了住宅开发与环境保护的两全其美。

在这块区域,尽量建造5层以下的低层住宅,采用了节能设计,其能源消耗低于全国水平30%,因此推荐北面不设窗、南面多用玻璃的设计方案。

各栋楼房的屋顶上都安装了太阳能,小区内通过废热发电来供应能源。另外,在建筑物与建筑物之间挖掘了人工小河,为鸟类、昆虫等小动物栖息还开辟了一个群落生境(biotope)。

为了实现这一新理念的住宅区开发,市政府及木匠工会联合开展了兼顾节能与住宅景观的研究,同时促进了当地的就业,具有重要的意义。

就这样,迎来了新千禧年的欧洲,在戏剧、舞蹈、音乐等各种领域内创造出艺术的"创意之家";从环境保护运动中,创造出多样化的地域特有的"创意环境";在提高市民生活品质的同时,也创造出伯明翰等都市的新艺术文化产业,提高了弗莱堡市的太阳能电池板等与环境相关产业的就业水平,迎接都市复兴的挑战。

从上一个世纪末起延续至今,日本经济长期处于不景气的状态之中。要摆脱这一困境,日本的都市自治体今后要学习的东西还很多。在全球化影响之下,日本的都市也开始从空洞化的都市产业空间尝试着向新艺术文化、新都市环境的"创意空间"进行转换。下一节将介绍从"地方工业都市"脱胎换骨的浜松市，以及从西阵的空巢商家开始向创意都市转变的京都市。

3 地方工业都市的复兴战略

"内发型技术城市"的担忧

每次乘坐新干线通过浜松站的时候，我都会被站前高耸的 Act Tower 大厦、歌剧院及都市型会展中心酒店浑然架构为一体的巨型建筑物所震惊。正值泡沫经济巅峰之际突然冒出来的庞然大物，究竟是在什么背景下产生的呢？被好奇心驱使的我，便顺路去拜访了一下。

浜松市面朝浜名湖，是一个自然环境优越的都市。战前，以纤维、乐器、运输机械（摩托车）产业为三大基干产业，实现了地域内发型发展。战后，赶上日本高速经济成长的浪潮，成为一个发达的工业都市。这座充满了高昂的"撸起袖子干"精神①的都市，被评价为屈指可数的地方工业都市。

结果，在浜松，从本田技研、铃木、雅马哈、河合乐器等大企业总公司及工厂，到中坚企业、中小零散企业鳞次栉比，雇佣也带来了人口增加。但是，因为三大产业均迎来了成熟期，近年来都面

---

① "やらまいか"精神，意为做别人不做的事，不做的话就不能安心，充满了挑战与自负的气质。

临着如何应对地域经济停滞的课题。

也就是说，因为重视地域产业的发展，一味地建设经济效率高的城市，结果导致城市沦为"生产现场"，有魅力的生活空间逐渐减少。

对于单纯追求物质丰富的高速成长期的居民来说，也许这样就足够了。但是，随着时代的变迁，人们终于认识到，都市原本应该是一个让人享受生活与文化的场所。

要建设一个让人感受到富裕的生活文化的都市……

很多地方工业都市慢慢地开始修正轨道，浜松无疑也是探索新方向并开始行动的都市之一。

浜松市凭借其旺盛的产业活动，朝着"产业与文化相融合的富裕的人性化都市"目标积极推进城市建设，到了 2001 年，又提出了"技术与文化的世界都市"新目标。

尤其是在领先的高新技术都市计划中，光技术取代了成熟的三大产业，成为世界第一；开发出分析宇宙粒子装置的浜松光电（Hamamatsu Photonics K.K. 株式会社）、超硬合金·精密加工工具制造商 NIHON. CERATEC（株式会社）等研发型企业登上了舞台；被誉为"内发型技术都市"，拥有值得夸耀的创意技术革新能力。

然而，生产力虽高，生活富裕的层面却相对滞后，尚未形成自己独特的文化。为此，浜松市提出了与"乐器之乡"相符的"音乐文化之都"的目标，积极实施文化振兴政策。

从"乐器之乡"到"音乐文化熏陶的都市"

1988年，提出音乐文化都市构想的浜松市的基本目标是，在历史悠久的乐器产业的背景下培育出市民喜爱音乐、亲近音乐的土壤，树立都市自有的理念与个性。

乐器生产落户于这块土地，其契机源于1887年家具匠人山叶寅楠先生维修市内的元城小学里的美国产风琴。在考虑了音乐教育的必要性及乐器产业的未来之后，他于次年创办了山叶风琴制造所，这就是后来的雅马哈。成为乐器产业"一翼"的河合乐器，也于1927年从雅马哈独立出来。

从那以后，随着学校教育中西洋音乐的引进，乐器产业发展成为浜松的地域产业。现在，浜松市在国内市场所占份额如下：钢琴几乎为100％，管弦乐89％，电子钢琴、电子风琴56％，键盘、电子音响合成器等54％，成为名副其实的"乐器之乡"，地位不可撼动。

而后，从风琴制造开始，钢琴、口琴等各种乐器的制作培育了技术与知识，这些技术与知识又促进了胶合板、螺旋桨、两轮车、汽艇、电子乐器等多种产业的发展。

乐器产业简直就是诞生出地方工业都市浜松的母产业。

于是，浜松市在历史悠久的乐器产业的基础上，从"乐器之乡"向"音乐之都"，继而向"世界音乐文化熏陶的都市"发生了蜕变。

这个音乐文化都市构想与浜松技术都市、国际会展都市构想形成三位一体。JR浜松站周边的开发也是以这三个支柱为主轴的，集聚了音乐文化功能、会展功能、研究研修功能等高级都市功能。同时，这个构想也出于将中心街区打造成拥有宽阔的绿地交流空间，为广大市民提供集会、休憩、交流的场所，从而对广场、绿色购物中心等美丽的街道进行建设。

"Act City 浜松"①与"音乐文化都市"的现状

由此诞生出来的 Act City 计划是一项公私一体的都市开发事业，浜松市选择了第一生命集团作为合作伙伴。要将其整备成为一个拥有音乐文化、产业技术、信息通信等高级都市功能的复合型都市空间，本着创造"滋润都市，为人们提供亲切的高度文化熏陶的都市"的目的，投入660亿日元事业总资金的建设项目启动了。

在1994年泡沫经济出现崩溃之际，由豪华歌剧院与具备会展功能的酒店、音乐博物馆构成的综合文化设施之所以出现于浜松站前，正是基于这样的背景。

浜松市秘书科科长斋藤慎吾先生自"Act City 浜松"企划开始直至建设完成，而后一直到最近，都是其重要成员之一。

斋藤先生说：

在我的公务员生涯之中，从事 Act City 的 6 年，我经历

① 作为浜松市的象征，于1994年建成，位于 JR 浜松站东北方向，是一座市政府与民间共同拥有的复合设施建筑群。

了很多以往未能体验过的事情。因为像我这种没有一点音乐细胞的人,居然也能够欣赏古典音乐了。对于第一次来的人来说,可能会觉得这座 Act 大厦实在是太高了,但是这正是浜松"撸起袖子干"的精神。最初的设计不超过 210 米,但因为临近 21 世纪,就有声音呼吁说干脆造得高点好了。毕竟浜松有很多工厂,效益也都很好,所以是日本著名的西服最卖不出去的城市。

他那句"日本著名的西服最卖不出去的城市",反映出浜松市虽然保有高生产效率,却感受不到文化丰富性。

国际音乐才能的发掘

"Act City 浜松"开张第一年的音乐及戏剧的举办情况(含大厅、中厅、活动展览厅)如下:音乐相关活动达 163 次,其中古典音乐 58 次、流行音乐 48 次、歌谣及传统歌曲演歌 7 次、日本音乐 6 次、声乐合唱 9 次、吹奏乐 24 次、音乐研讨会 7 次、其他 4 次,开展了多样化的企划活动。戏剧方面则举办了 58 次,其中日本舞蹈 4 次、芭蕾 8 次、歌剧 3 次、音乐剧 10 次、戏剧 22 次、儿童剧 7 次、歌舞伎 2 次、能乐 1 次,真正实现了多样化的活动,体现了为提高设施的使用率付出了努力。

其后,Act City 在软件方面开发的措施,诸如自 1991 年起每三年举办一次国际钢琴大赛,在世界上获得了高度评价。

迎来第四次大赛的 2000 年 11 月,从浜松本地以及纽约、巴黎、维也纳、莫斯科举行的选秀比赛中胜出的来自 25 个国家与地区的 79 名选手参加了比赛。

获得优胜的是乌克兰选手亚历山大·加布里留克。16 岁的他,以无懈可击的技法,行云流水般完成了《帕格尼尼主题狂想曲》。

斋藤先生自信满满地说:"对大赛感兴趣,前来参加的市民人数增加了,这是值得自豪的事情,但是比赛现场与练习用的钢琴调音相当费工夫。幸运的是,在这个城市里从事乐器产业的人很多,我们能够请到足够的志愿者。"

市民歌剧的成功

"我认为,发掘并培育具有国际性的有才华的年轻艺术家,是一项非常有意义的事业。可是,这仍旧是依靠税金开展的事业。那么,市民参加型事业是否不需要呢?"面对这一提问,他答道。

1999 年 8 月,第三届市民歌剧《三郎信康》获得了成功。这是第一部创作歌剧,以当地的英雄、德川家康的长子德川信康的悲惨结局为主题,生动刻画了信康形象。这是一部历经数年、精心打造的原创作品。

除了主角及他的妻子德姬以外,所有的角色都是由通过表演考核选出来的市民扮演的。练习了大约一年时间,成就了令人感动的舞台,市民观众也获得了极大满足。

演出充分利用了 Act 音乐厅引以为豪的四面舞台装置,

甚至连专家都评价说，这是值得一看的舞台。不过，也许会觉得场面制作得有点过于华丽了。

所谓四面舞台，就是将原本纵深很深的歌剧主舞台设置为左右及纵向三个部分，这样一来，就能够无障碍地进行舞台转换。而且，舞台设备也用上漂亮的装置，更能衬托出戏剧性的表演。虽然在泡沫经济时代各地都建造了歌剧院，不过浜松的剧院以豪华著称。

正因为这样，为了设备操作专门从东京请来了专家。再加上保修检验等费用，一场公演花费巨大，也就无法多次进行表演了，这是令人烦恼的原因。

担任市民歌剧协会理事长的玉川昌幸先生，自己本身也是一名歌手，他在舞台上扮演德川家康角色。他对我讲述了自己的艰辛故事。

　　作为浜松市政府 80 周年纪念事业，行政部门开始策划市民歌剧公演。于是，歌剧爱好者集合起来，成立了市民歌剧协会，歌剧氛围十分高涨。幸亏在我工作的浜松学艺高中音乐系培养了不少歌手，便请他们来帮忙。

　　可是，在地方上进行歌剧公演的费用很高。就算能够从当地招募歌手与合唱团，但是表演及舞台技术等工作人员，大多数都必须去东京邀请，经费一股脑儿地流向东京。实话实说，为了筹集下次公演的经费已经伤透了脑筋。

此外，现在浜松市为了凸显"音乐文化都市"的特色，还策划了"肖邦艺术节"与"音乐艺术节"。

前者是与华沙市①，后者是与圣雷莫市②结成的音乐文化友好交流协议纪念事业，这些活动并不是单纯的姐妹都市协定的文化交流，而是从都市与都市的交流拓展至市民与市民的交流。

另外，还开展了国际吹奏乐大会、邀请莫斯科交响乐团等世界级音乐团体、全日本高中吹奏乐选拔大会、培育年轻音乐家的肖邦表演赛等全国性活动、每月三次在 JR 浜松站前举办室外"逍遥音乐会"③等事业。

活动主要分为 Act City 浜松运营财团的自主事业、依靠财团的赞助金开展的协办事业、市政府承担一部分资金的资助事业，以及市政府全部买单的委托事业。财团的运营管理费每年大约为 17 亿日元，而收入约为 10 亿日元，结果每年都要自掏腰包补贴 10 亿日元。

令人担忧的是，建筑物即将迎来维修年限，包括音响及四面舞台这些奢侈的设备在内，一次维修费预计约 60 亿日元。

音乐文化都市的未来

浜松市的音乐文化都市构想，正如 Act City 所代表的那般，

---

① 波兰首都，肖邦的故乡。
② San Remo，意大利西北部疗养都市。自 1951 年起，每年冬天都会举办意大利民谣大赛音乐节。
③ Promenade Concert。"逍遥"的意思是，参加音乐节的观众要一直站着观看演出，但可以随意走动，尤似散步。

常常可以听到硬件先行的批判声。

或许是意识到这样的声音，文化政策的执行者们一直在努力调整。

虽然在市民中也有一部分人说："既然要造，那就造个大的。"但是耗费 660 亿日元巨资建造豪华的巨大设施是不是有必要，市民们也在质疑。

另外，从 Act City 项目实施中非常强调"会展招募"这一点可以看出，这是出于会展能够带来经济效益的考虑。虽说是软件措施，但也要时时想到从其他地区招徕观众，而并非只以浜松当地市民为对象。

浜松市所瞄准的目标，如果仅仅只是"拥有 Act City 的城市"，那么像现在浜松市能够举办很多只有大城市才能欣赏得到的活动，可以说，目的已经基本达成了。

但是，只是这样的话，基于"音乐文化熏陶的城市"理念而推进的音乐文化都市构想原本的意义就被削弱了。原本主要是以外国著名歌剧或交响乐团的公演为内容的"文化消费"企划，现在将重心转移至以当地市民歌剧及培养年轻艺术家为内容的"文化创造与生产"，今后有必要大力出台市民参与型的音乐文化振兴政策。

承担起这一课题的静冈文化艺术大学创办于 2000 年，向着培养浜松艺术文化政策与艺术管理专家迈出了新步伐。2011 年迎来建市 100 周年，市民与企业开展的纪念事业多达 150 余项。在一整年间开展了众多活动，并向联合国教科文组织创意都市的音乐部门提出了申请。11月,邀请博洛尼亚、格拉斯哥①等联合国教科文加盟都市共同举办了世界创意都市论坛,大量市民的参与促进了大会的圆满成功。

4　从历史都市的空巢商家向"创意都市"蜕变

拥有1200年历史的日本代表性古都——京都,是一座历史都市、文化都市及观光都市,也是实现了内发型发展的屈指可数的内陆工业都市(宫本宪一:《都市政策的思想与现实》)。然而,当21世纪的序幕拉开之后,历史都市京都迎来了巨大的考验。

和装②产业的危机与西阵"商家俱乐部"

历史都市京都赖以自豪的传统产业与传统工艺,站在经济与文化的交点上,渗透于市民生活之中,发挥了从内部保护独特街区的作用。

可是,泡沫经济崩溃之后,显示出急速衰退的迹象,迎来了重大转机。其中,以西阵织、京友禅为代表的著名和装产业,直到最近,无论是员工人数、事业所数量还是出货量,一直都雄踞制造业

① Glasgow,苏格兰第一大城市。
② 日本古称"大和","和"即日本产、日本传统的意思,如和装、和食、和室、和文化。

的核心地位。可是，在泡沫经济崩溃之后，出货量跌落到高峰时期的 30％，从 20 世纪末起到 21 世纪，室町①的主要绸缎批发商相继倒闭。

为此，和装产业的生产体系正处于崩溃之中。以往位于京都中心区域的染色工厂、织布机厂等充满了京都风情的商家都变成了空屋，或被改建为公寓、停车场，被誉为"原始风景"②的城市景观面临着被全面改写的危机。

在这样的情况下，艺术家纷纷移居西阵一带已成为空屋的商家或仓库，开始尝试着挽回失去了的生活感。

1995 年夏天，摄影家小针刚先生将自己的活动根据地搬到西阵的商家，从那以后，陶艺家、玻璃制作家、音乐家、设计师、面包师，还有荞麦面厨师等创作者们，为西阵独有的"造物"空气、生产真品的氛围所吸引，陆陆续续地聚集于此地。

西阵的商家以前大多用于纺织机的租赁工厂兼住所，那些房屋构成了宁静而独特的历史景观；内部采用了高屋顶的通风结构，在匠人们居住多年之后，形成了手工友禅与西阵织的工作场所独有的固有价值。艺术家们发现它并不是单纯的居住空间，而具有刺激造物的"创意之家"的价值，纷纷移居进来，开始了创意活动。

支持他们的是当地妙莲寺圆常院的佐野充照住持。自 28 岁继承住持以来，佐野先生认为，"在以前，支撑地域艺术活动以及

---

① 贯穿京都市南北的街道。

② 原来的风景，或者说是人们心目中的风景（mindscape）。

提供寺子屋场所,都是寺庙的职责",所以他持之以恒地对当地居民开放妙莲寺。

1995 年 11 月,致力于京商家①复兴的一些团体在寺庙周边开始活动,创办了"network 西阵"(西阵振兴实践地区建设会)。他们向商家的屋主建议:"请让创作家住进您的空屋子,让他们制作东西,振兴西阵。"

在那之前,西阵的大部分屋主认为"将房子借给不认识的人会惹麻烦的",所以在纺织匠人搬走之后,就让房屋空关着。据京都府的调查显示,现在在西阵一带大约有 800 家空屋。于是,佐野住持便站在创作家与屋主的中间,对商家的住宅使用进行斡旋。现在新移居来的数量达到 58 家、70 人。这样一来,获得新工作场所的艺术家们缔结的网络不断扩大,受纺织业停滞影响而衰退的西阵焕发出重生的气象。(图 4 - 2《network 西阵》地图)

移居于该地区的艺术家们,在自己进行创作活动的同时,也通过对商家的保护与修复、参与居委会等居民活动,为城市建设及地域振兴发挥重要作用。

小针刚先生是西阵艺术家中的先驱者,也是"network 西阵"的代表者。他不仅与家人一同移居商家,经营着为歌舞伎与戏剧演员化妆的"白涂屋"②,同时还是一名活跃的自由摄影家。最初来到西阵的时候,他寻找了 100 家空房子,但是屋主们都深信

---

① 包括 1950 年以前在京都市内建造的商家等木造房屋。
② 将演员的脸涂上白粉的化妆。

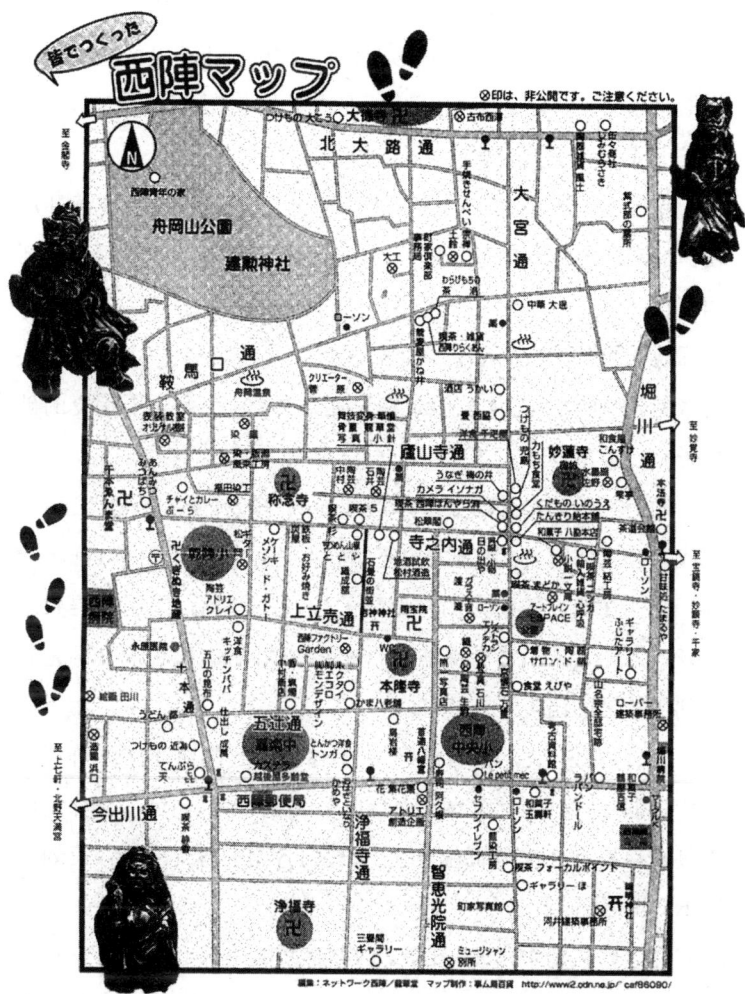

图 4-2 《network 西阵》地图

"商家太陈旧，没有人会喜欢的"，只有 3 户人家愿意跟他交谈。

但是现在，他不仅担任了开展艺术活动交流团体"ART in 西阵"的代表职位，还与借助常驻艺术家①推进城市建设的纽约州皮克斯基尔市（Peekskill）建立关系，促进了艺术家之间的交流，逐渐地扩大成为一个大运动。

年轻的陶艺家生驹启子在大学毕业后寻找着能够继续开展创作活动的根据地，她通过"network 西阵"知道了商家斡旋的新闻。1996 年春天，她住进了 120 年前建造的小型商家。

位于京都独特的窄巷深处的这个商家，曾经是一家历史悠久的带屋，居住着手艺人。但是在长期空置之后，无异于荒废的破房子。

她与当地的木匠商量，对屋子进行了修复，安装了电子窑，改装成陶艺工作室，烧制前卫的艺术作品。刚开始的时候，都不能好好跟住在旁边的匠人们打招呼的她，在一年后，终于变得熟络起来。大冬天从门缝里吹进来的寒风冷飕飕的，但是现在的她感受到了社区的温暖。

而且，她说，比起同行济济的"清水烧小区"，继承了西阵织历史传统的"造物空间"对当代流行风格（contemporary）的创作活动更具有启发性。这些商家的艺术家们各自带来了作品，策划起"ART in 西阵"。

在这些活动中，1999 年启动了"商家俱乐部 network"。这其实是一个"京都商家介绍人项目"，它吸收了当地的西阵织相关人

① Artist in Residence。

员与行政部门,将需要租赁商家的艺术家与房主联系起来。于是,利用室町的丝绸批发商千切屋织物(株式会社)的闲置工厂(7年前一直用于动力织布机①)开办了商家俱乐部之家,既作为商家的样板房,又成为与地域居民开展活动的社区空间。它的旁边则是作为"另类空间(alternative space)"开设的西阵北座,举办戏剧、现场音乐会、工作坊及各种研讨会,作为培育年轻艺术家的孵化器而受到关注。位于四条通②鸭川河畔的歌舞伎殿堂,虽然比不上南座,但对于年轻艺术家来说,却是无可替代的"创意之家"(遗憾的是因为房主私事,近期将要关闭)。

如果说,西阵的艺术家们的活动体现了西阵重生的一个方向,那么在传统匠人之间,也涌起了一股和装产业重构的热潮。

"本物座"③促进和装业界的重构

以室町的集散地批发商为顶点的京都和装业界,彻底执行了工序间分工,建构起垂直型统一的生产体系。但是,在大量生产=大量流通的旋涡之中,偏离了消费者的需求,以高级化、高价格化来弥补消费减少,却进一步远离了消费者需求的东西,这个系统的重构就成为当下的课题。

在这样的背景下,危机感深重的传统匠人之间又出现了一种

---

① 1785年,英国人卡特莱特发明。

② 四条通是京都的一条路名,"通"在日语中意为大路、街。

③ "本物"意为真正的东西、正规的事务。"座"有座席、行业工会的意思。这里可以认为是"真货行业工会"。

新的业界重构的动向。

染物师奥田祐斋在京都的中心地带——四条的商家里建了一个工作室。他阐明了自古以来作为"太阳染色"而受到珍重的仅用于历代天皇束带①的"黄栌染"②（一种草本染色方法，用黄栌、紫草根、苏木等植物染色）中隐藏着的秘密染色技法，并将其复活，创作了新的"梦黄栌染"。其声名在和服爱好者中广为流传。

另外，近年来"梦黄栌染"还应用于和服之外的领域，新开发出针对难以上色的珍珠、宝石、金箔等好几种不同颜色的染色技法，甚至还受到时尚界等不同领域的关注，成为"现代名匠"之一。

将这样的祐斋领进新领域的，正是历史都市京都赖以自豪的多样化匠人技艺的集聚。在从事黄栌染的祐斋工作室里，不仅有染色、织布、练丝、漆匠等传统匠人，还有画家、平面设计师、衣料设计师、和服（研究家）记者等多姿多彩的成员，他们汇聚一堂，大约从 15 年前起发起了"十职会"活动。

因为他们觉得，"只有和服匠人聚在一起自我满足的话，什么是重要的、哪里出了问题，就看不出来了"。

"十职会"的成员中，尤其是和服匠人共同遇到的问题就是对物流业的不满及对和服未来的危机感。

10 年前的泡沫经济时代，由京都室町的批发商统治的和服业

---

① 平安时代（794—1192）之后的宫廷男子正装。

② 带有黄色的茶色。黄栌，野漆树。用黄栌的树皮与苏木的心材熬成汁，加碱水与醋等混合进行染色。自嵯峨天皇以来，一直用于天皇的黄袍染色。

通过将重心转移至高级商品、高价格商品而提高了销售额,但在泡沫经济消退之后,销售总量减半,陷入了倒闭与经营危机,其不良影响也殃及末端的和服匠人。

于是,祐斋与"十职会"的成员们对以往未将消费者考虑在内的物流机构进行了重构,为了创造"匠人就应该从事匠人该做的优质工作,以合理的价格向消费者提供优质和服"的体系,创办了以 70 名染织匠人为核心,批发商、零售商也加入其中的"本物座"。2000 年 6 月,举办了第一次展览会《京都全景展》。从草木染(植物染色)、系目友禅(手绘友禅)、腾缬染(蜡染)、大岛绸(捻线绸)、越后上布(上等麻布)到和纸、陶器、玻璃等手工艺品,展示了大约 500 件作品,迎来了超出预想的观众。"本物座"活动开始了。不仅是喜爱和服的消费者,业界的相关人士也对这一尝试倾注了关心,包括一些批发商也都参与了进来。

像这样,匠人自己组建网络,将充满了创造性且具有文化价值的"真货",以合理的价格提供给消费者的尝试,与作为超越了大量生产=消费系统界限的生产系统、近年来受到世界关注的"后福特主义"的"意大利式造物"具有相通之处。不仅是对停滞不前的和装业,对持续低迷的京都经济社会的复兴也做出了贡献。

西新道商店街的挑战

从京都的中心街区朝四条通西行大约 3 公里,是中京区壬生地区。

自古以来这里便是京友禅的中心产地,即便在传统居民、染色匠人的住宅与工作室混杂的京都市内,也是屈指可数的人口密集地区。

从四条通向南面走下去,马上就会遇到一条南北长约 800 米,以日用品、食品为主的约 160 家商店林立的商店街。那是一条很窄的胡同,只能勉强通过一辆汽车,是想说恭维话都谈不上漂亮的一条街。尽管附近有家大型超市,但是西新道商店街依旧充满了人气,相当活跃。

壬生地区以前是友禅的街道工厂集聚地。1996 年,京友禅的生产量跌落至全盛期(1971 年)的 14%,人口减少与老龄化现象十分严峻。

1971 年至 1990 年的 20 年中,人口减少了 27%,60 岁以上占 24%。在人口减少的情况下,世代分居的现象越来越多,独居老人持续增加。

另外,因为友禅工厂转移至海外,导致职场与住宅分离,而陷入了与西阵相似的境遇。然而,现在西新道商店街却成为壬生地区不可或缺的存在。

其根本就在于,西新道商店街很重视与当地保持联系。

在西新道商店街的理事长安藤先生"站在消费者的视角,与消费者心理同步"的呼吁下,西新道商店街开发了 40 项事业。在开展事业的同时,十分注意贴近当地生活,至今从未有过一家空置店铺,一直深受本地居民的关爱。

其中最有名的事业当属"Apron-card 事业"。

所谓 Apron-card,指的是带有预付功能的 IC 卡,一张卡具有 7 种功能:

1. 预付优惠

购物时,可享受预付款 4% 的优惠。

2. 积分优惠

现金购物时,每 100 日元可赠 2 积分。

3. 赊销系统

即便没有余额或现金,也能够安心购物。

4. 信用贷款功能

购买高额商品时可以使用分期付款。

5. 现金卡功能

使用京都中央信用银行的账户,可以利用 ATM 存取款。

6. 家庭账簿服务

根据顾客的需求,可将包括购物的日期、金额、店名等在内最高 7 日的数据进行免费打印。

7. DM 服务

通过直邮(direct mail)①提供诱人的信息。

Apron-card 对于该商店街而言,不仅与地域社会共同前进,而且还是一种"社区卡"。

也就是说,商业信息自不必说,Apron-card 还经常提供生活文化信息及新鲜话题,为将顾客吸引为"西新道商店街"粉丝提供了契机。Apron-card 还与体育俱乐部进行合作,卡会员也是俱乐

---

① 　直接邮寄给个人的广告或商品目录等。

部成员。通过这样的"卡事业",西新道商店街以下一代为目标,果敢地挑战起"新'老字号'的创造"。

此外,商店街利用传真,随时随地将购物信息发送出去,开设了订购商品的传真网络事业。

现在,在老年人家中设置传真,可以在生病或其他紧急时候用来报警;而且,家家户户普及传真后,还开辟了联系学校、接收足球或棒球队的通知,以及社区或个人交流等广泛用途。

西新道锦会商店街的这种信息网络建设,加强了地域社会中人与人之间的关联,将商店街变成了生活文化的"创意之家"。

有些商店街认为将道路铺得五彩缤纷,再利用行道树等进行装饰,就可以创造出"文化空间",并且也制作出了"模拟"的文化空间。但是,西新道商店街是通过传真等工具,将地域居民与商店街真正地创造为"生活文化场所",与地域社会相爱相生。

为了回应这种从民间草根中生发出来的西阵复兴、和装业重构的动向,以及西新道商店街的努力,京都市政府是如何制定展望与规划、如何开展措施的呢?

我们来看一下京都市为文化创造所做出的努力。

《21世纪·京都宏伟愿景》中的"五个创意都市"构想

《21世纪·京都宏伟愿景》(1999年度制定)是以2025年为目标年度的"新基本构想",是这座城市名副其实的21世纪构想图。在这个基础上,2001年1月末制定了《新基本计划》。

该计划措施的主要特点是并没有对未来做乐观的预测,反而

可以说是描绘了一幅"地狱图",从中架构重生的方向。在 1997
年 4 月发布的《宏伟愿景》中期汇报中,对京都市人口减少、工厂
及大学等外迁、市中心空洞化、产业发展停滞不前以及文化实力
相对低下等京都现阶段的问题毫不留情地一一做了分析。在这
样的背景下,21 世纪的京都形象展示为"五个创意都市":丰富的
创意都市、新活力创意都市、环境创意都市、新资本创意都市、文
化创意都市。

中期汇报阐述了这"五个创意都市"之间的相互关系:

在充分把握"21 世纪的时代潮流""京都的都市特性"的基础
上,将引导创造出一个能够让市民过上富于人性化生活的 21 世
纪型新生活模式——"丰富的创意都市"——设置为城市建设的
最大目标。而作为根基的"新活力创意都市"与 21 世纪文明的
主旋律"环境创意都市"则成为实现这一目标的不可或缺的条
件。……通过运用自如京都所蕴蓄的多样性素材,成为能够为后
代创造出新资源的"新资本创意都市"。……于是,在谋求对凝缩
的历史与文化储备的活用及创造的同时,朝着这样的都市形象推
进政策实施,为京都进一步开辟了世界通用的"文化创意都市"
之路。

如上所述,将追求丰富的生活样态设定为最重要的目标,建
设一个具有多元化开拓性的"京都型创意都市",是一项非常有意
义的提案。

然而,在《宏伟愿景》的最终汇报《基本构想》中,"创意都市"
却突然变成了"华丽"且"舒适"的"城市建设"这一生活内容。这

正体现了前文所述,"创意都市"运动是从京都的草根之中高扬起来的。

京都市艺术文化行政的转型

在《宏伟愿景》出台之前,1996 年 6 月制定的《京都市艺术文化振兴计划》在《新京都市基本计划》(1993 年制定)中已经被设定为主要措施之一。

值得关注的是,以往京都市的文化行政一直将重点放在文化遗产的保护及传统文化振兴上,在诚恳地认识到文化行政的落伍之后,京都市将重心转移到文化创造上:"在东京一极集中不断加剧的同时,全国各地都市都在积极地推行文化振兴,开展国际性文化交流。可是,近年来,京都的文化传播力及发信力都有所停滞,地位相对低下乃是不争的事实。"

立足于展望 21 世纪的长期视野,其基本观点是,以新艺术文化创造为目标,成为世界艺术文化交流的根据地,将艺术文化活动与生活和产业相联动。并展示了艺术文化振兴的 6 个方向:艺术家培育与活动支持、振兴市民艺术文化活动、增强信息的传播力、促进艺术文化交流、提高并活用艺术文化环境、振兴艺术文化产业及相互合作。

在具体措施中,特别受到重视的是作为艺术文化振兴根据地设施的京都艺术中心。

其定位首先是具有活动根据地的功能,提供新艺术文化活动的发表机会,对年轻艺术家的创作活动予以支持;其次是具有信息根据地的功能,对京都及国内外艺术文化相关的信息进行收集、提供与传播;最后还具有交流根据地的功能,对京都的艺术文化活动进行企划、调整与讨论,开展文艺、美术、音乐、影像、戏剧等不同领域之间的交流,促进国内外艺术家、艺术相关者与当地艺术家、艺术相关者之间的交流,以及包括地域社会在内的市民与艺术家之间的交流。

把小学旧址改成艺术中心

在《京都市艺术文化振兴计划》中被赋予重要地位的京都艺术中心创办于 2000 年 4 月,它使用了开办于 1869 年(明治 2 年)的历史悠久的民伦小学校舍。

在京都的历史上,从 1869 年到翌年,在全国率先以京都府的财政补助金及市民的捐助金,以町①为单位开办了"番组小学"②并实施运营。在幕末的暴动中,城镇遭到焚烧,接着又遭遇东京迁都③的重创。为了振兴京都,市民在教育上倾注了心血。

于是,这种小学建造了 64 所,名副其实地表现了京都市民的意志。民伦小学也是其中之一,因为是在心学④的中心道场"民伦舍"的旧址上建造而成,所以校名取为民伦。

---

① 町,地方公共团体之一,处于市与村之间。
② 由京都市民自发建设,以当时的居民自住组织"番组(町组)"为单位,在京都创办的 64 所小学。
③ 自平安京迁都以来,京都作为首都已经拥有 1000 多年的历史。但在明治维新后,首都迁至东京,京都人口减少了大约 10 万,产业急剧衰退。
④ 心学,江户中期,京都的石田梅岩提出的一种平易的实践道德。

1931 年(昭和 6 年)改建的这座建筑物位于市中心的室町通蛸药师,玄关采用了彩色玻璃装饰,会议室则用威廉·莫里斯[①]设计的壁纸装饰了整个墙面,保留了具有战前特点的教室,还有学校里少见的茶室,以及用作绸缎展示厅的铺了 78 张榻榻米的大会场,这里曾经被用作于绸缎批发商聚集地附近的"买卖场"。

在注意到这样的文化遗产价值之后,为了最大限度地发挥其效用,1999 年耗资 98500 万日元实施了改建工程。

该中心体系设置如下:以艺术家、艺术相关者为主体,千宗之馆长为中心代表,下设作为咨询机构的评议会及运营委员会,根据馆长的指示,制定运营方针,对使用者进行选拔,并委托(财团)京都市艺术文化协会进行管理。

可是,因为考虑到土生土长的小学悠久的历史,中央操场的使用便听取了意见向本地居民开放,在运营方面也邀请了本地居民参加评议会。

艺术中心的主要活动是策划自主事业,以及制作发表扶持事业。

自主事业是充分发挥京都的特性,谋求不同艺术门类之间的触发与融合,或者学问与产业之间独特的融合的先驱性实验事业;还准备了传统创意项目,使得京都优秀的传统艺术文化遗产能够在现代发挥利用,尝试与地域的文化、产业进行合作。

另外,制作发表扶持事业包括:公开招募国内外的艺术家与

---

① William Morris(1834—1896),19 世纪英国设计师、诗人,早期社会主义活动家,工艺美术运动创始人,英国最杰出的设计师。

团体,并进行评审;与提供活动场所的"Artist in Residence"一同开展与市民之间的交流事业;对设施的维护管理规定了必要的作业条件,开展制作发表事业。但是,"Artist in Residence"与西阵不同,它不是以无名的年轻艺术家为对象的。

据说主要是邀请海外的著名艺术家,对于有些停滞不前的京都艺术从外部给予刺激。另外,从2000年开始,对年轻艺术家实施奖励政策。

此外,开始发行一些批评杂志。它超越了现有的艺术评论,关注多种异文化相遇、跳跃至意想不到的场所等所谓文化的"超级链接"性。

不过,该地也几乎没有能够对传统艺能进行评论的年轻作家,因此,发掘、培养作家也成为今后的课题之一。无论如何,将艺术家与社会连接在一起的市民艺术志愿者的作用,变得越来越重要。

IT 技术支持的艺术文化产业化

上述艺术文化活动振兴政策,虽说与艺术文化领域之外的新产业创造并不是直接挂钩的,但作为利用IT技术的艺术文化产业化的尝试,"京都数位典藏(digital archive)"受到了关注。京都市《更有朝气的——京都行动计划》(1996年制定)中强调了市政府对高度信息化的推进,这是为了提高以地域文化与产业的活性化、交流等为目的的地域整体信息能力而推进的高度信息化,《京都数位典藏》事业就是措施之一。

所谓"数位典藏",指的是将地域积累的文化、学术、产业等文化遗产或非物质文化遗产,通过数字技术进行储存,建成一个让所有市民都能自由使用的环境。为此,1998 年创办了京都数位典藏推进机构,持有数字内容制作技术的企业作为 54 个正式会员,持有内容的个人及企业作为 121 个特别会员加入其中。

在特别会员中,由从事染织事业的 67 家个人及企业组建了京都市染织数位典藏研究会,建构染织设计的数据库,通过与不同行业的交流而积极开发新商品及知识产权的研究。

其中,有 6 个工作室的 7 个匠人结成了"Cross the Point",这是一个令人瞩目的潜力股。他们利用数字技术创作友禅、西阵的图案,并针对和装以外的领域的商业利用,从京都高度技术研究所获得了 200 万日元的资助金;2000 年末参加了"日本创造"(服装素材的综合展览)展览,受到了各界的关注,一些运动服装面料的生产商也前来洽谈。

会员之一谷口尚之先生(染型①工作室)自 12 年前起便将友禅的图案进行了数字化设计,除了和装,还用于印刷以及非服装用品。谷口正先生(金襕②花纹)独自将提花织物的花纹进行了数字化处理。另外,川边祐司先生(手绘友禅)尝试了用鼠标代替画笔进行染色。除了这三位,还有刺绣(京缝)与手绘友禅匠人共同结成的团体。

---

① 使用木型或纸型进行染色的技术。
② 金线织花的锦缎。

　　我们的原创性，不是单纯用扫描仪读取古老的花纹，而是在于凭借向量（Vector）、数据的方法，将传统的手感用数字技术创造出来。

　　过去在染织花纹制作中，因为有很多人参与了作图、染色、织布等技术，所以很难认定谁是著者。因此在数字化利用中，如果没有每一个共有人的许可，就不能完成。正因为创作权问题不能轻松解决，便决定利用数字技术重新进行创作。

　　如果今后事业发展顺利，就准备通过外部订货等方式扩展到周围的匠人，对今后的继承人及后续企业进行扶持，以此尽一份社会贡献。

　　三位的话语中充满了先锋精神。

　　上述尝试通过将数字技术与传统技术相融合，不仅令人期待二者生发的可能性将创造出有魅力的新商品，而且，对于传统产业这种属于封闭式的纵向社会领域中的技术，通过数字技术的契机，将不同领域的匠人与横向的网络连接起来而产生创意造物，这是一个典型事例。我们期待在这样的契机下能够形成新的产业共同体。

　　京都市的艺术文化政策形成于悠久的历史传统之上，体现了其深受丰富多彩的物质/非物质文化储备眷顾的文化都市的特点，与其都市形象密不可分。诚然，京都市曾经有过传统文化色彩过于浓郁而倾向文化保守主义的时代,但另一方面也欢迎前卫艺术活动,体现出接受自由艺术形式的博大胸襟。前文所述,当西阵的艺术家们开展的草根活动蓬勃高涨之时,作为"文化创意都市"的京都的可能性也随之提高了。与此同时,艺术创意活动激活了地域共同体,对商家的保护及日益衰退的商店街的复兴都产生了极大影响;而利用 IT 技术进行传统产业的再创造产生了良好的波及效应,这些都可以视为都市复兴的重要契机。

果不其然,2005 年京都制定了《京都文化艺术都市创造条例》。其目标在于,通过京都所拥有的历史文化艺术,促进市民生活及城市建设;同时,通过谋求学术与产业之间的合作,将京都打造成一个充满了新的魅力的世界文化艺术都市。2006 年 11 月,在中京区龙池小学旧址上,与京都精华大学合作创办的京都国际漫画博物馆开馆。这是日本第一家收集了国内外漫画相关珍贵资料的综合性机构,引起了多方关注。2007 年开始限制中心区域高层公寓的建设,通过实施新景观政策,从而转向了景观保护的方针。

正是通过这些努力,京都踏实地迈出了"创意都市"的步伐。

第五章
从"创意之家"到创意都市间合作

　　在前四章中,除了博洛尼亚与金泽之外,在欧洲,有着从"重工业都市"脱胎而来的伯明翰、依托了"环境首都"的成就而走向环境创意都市的弗莱堡;在日本,有着从"地方工业都市"尝试着向"音乐文化都市"变身的浜松、从空巢商家向"创意都市"跃跃欲试的历史都市京都,展示了实现"创意都市"的多种途径。

　　可是,发展成为巨大都市的东京圈及其他大都市圈,或者扩大至地方圈的小城市、产地,还有农村,大概都会有一个朴素的疑问:"究竟怎样做才能转型为创意都市或者创意地区呢?"

　　在此,为了回答这一提问,为了展示在这些地区通过多样化、个性化的形式创造了文化与产业的"创意之家"也是很有可能转型为创意都市或创意地区的,让我们去走访一下积累了宝贵经验的实地吧。

1　在世界都市东京的脚下创造"创意之家"

BIT VALLEY^① 与 SOHO CITY

正如第一章中所见,与大约经历了十年繁荣期的"世界都市纽约"相反,"世界都市东京"直面产业与雇佣危机。1999 年,全国的绝对失业人数超过 300 万人,绝对失业率为 4.7％,而东京圈的两个数字分别为 94 万人和 5.1％,超出了全国平均水平。

在这一严峻背景下,东京都于 2000 年 7 月发布了《与都民共同创造东京都产业振兴蓝图》,对 IT 革命带来的新产业创造寄予了很大期望。

其中,互联网的主页及内容的设计与开发、市场活动与配售,以及内容制造中必要的工具制作等各种类别的网络产业,作为成长显著的都市型创造产业,吸引了世界的目光。

与纽约的硅巷比肩,东京涩谷的 BIT VALLEY 也是一个令人瞩目的 IT 相关互联网风险投资公司的集聚地。据说在泡沫经济崩溃后,撇开丢了颜面的霞关及大手町,只有涩谷一脉保持了元气。比如掀起了巨大热潮的 i-mode,也是涩谷的高中女生拿在手里玩着玩着就一下子卖爆的。

---

① 指东京涩谷的 IT 相关企业集中的地区,这个词语模仿了美国硅谷(Silicon Valley),"涩"bitter 同时与数字单位"bit"谐音。

为什么涩谷集聚了这么多的网络企业？难道那里有着硅巷一般的"创意之家"？还是因为那里有很多充满了创意才华的艺术家？

根据对纽约的调查显示，那里有年轻人喜欢的社会环境，又可以廉价使用便利的阁楼（loft）空间；聚集了创造内容的艺术家；为他们提供财政支持、数字教育机构以及成为客户的多样化都市型产业，这些都是前提。还拥有将艺术才能与应用数字技术的编辑才能结合在一起的协调者，这就是"硅巷"的成长要素（参见第一章"作为'创意产业'的IT与网络泡沫——金光闪闪的硬币的正反面"）。

的确，在涩谷有Loft，也有Bunkamura，看起来聚集了诞生日本青年大众文化的媒体。但是，能够让数字艺术家自由活动的廉价空间，以及对其创作活动的财政支持却并不充分；尖端的数字教育机构也完全比不上"硅巷"。

这是否可以说明，东京的BIT VALLEY缺乏协调"创意之家"的组织呢？

带着这些疑问，我拜访了BIT VALLEY协会①。凡是事业成功的网络企业都想将办公室搬迁到令人憧憬的东急涩谷站Mark City大厦。大厦主办方之一的宫城治男先生与事务局的松浦玲子女士前来迎接了我。

BIT VALLEY协会是位于涩谷附近的一家由互联网企业的

① 缩写为BVA，这是一个个人自由加入的非营利组织。2000年时拥有会员5000人，2000多人参加了交流会。

创始人及专家联合创办的任意组织①。它掀起了"BIT VALLEY"高潮,据说半年之间会员发展至 6000 人。从 1999 年春天开始,以每个月一次的频率举办"Bit Style"交流会,目的是让相关人员聚集在一起交换信息。一度超过 2000 人参加,会场气氛十分热烈。

宫城先生说,"'Bit Style'原本是一群对网络经济感兴趣的人的聚会,可是因为风险投资家与大众媒体过多参与,便无法实现最初的目的。所以在 2000 年 2 月便中止了。"

几个月后,火热的 BIT VALLEY 网络泡沫爆裂了。

在学生时代便作为社会创始人而独立的学生企业家宫城先生,在 1993 年 4 月组织了 ETIC 学生企业家联络会议。为了支持大学生等年轻人创办网络商业,针对会员提供在"后泡沫经济时代"的职业规划的研修、教育事业及创业扶持;对于企业,则提供实习等活动。2000 年 3 月,ETIC 被经济企划厅认定为 NPO。

宫城先生对那些期待泡沫经济的互联网企业的经营方针持批判态度,他认为正是在这个领域才容易诞生年轻的创业者,所以要积极地加强支持体制。与其说宫城先生是一名风险企业家,倒不如说更像社会体系的改革者,他的行动在年轻的经济官僚与研究者中也获得了很多支持者。

当草根中的宫城们改革社会体系的行动变得强大时,"BIT VALLEY"的"创意之家"也在不断扩大。

---

① 即不具有法人资格。

另一方面,也有很多风投企业闯过了最近的互联网泡沫经济的崩溃而继续奋勇前行。我走访了其中的一家企业 GaiaX(株式会社)①。

这家公司是 1999 年 3 月上田祐司先生还只有 20 多岁的时候,从风险投资公司中独立出来创办的,拥有职员约 100 人。资本金则通过 SoftBank② 发起的风投基金、从富士银行系统的风险投资公司等处获得投资,实际达到 36000 万日元。在互联网上创建了虚拟会员组织"在线·社区"并开展运营,不收取会费,而是在会员页上专门辟出了广告版面以作为收入来源。

最近,上田先生另外创办了一家名为 GaiaX·Cafe 的网吧,打入了纽约及新加坡、韩国市场。"我正在寻找公开发行股票的时机,不过现在时间有点不合适。在业界,一般会看好上市之前股价突然上涨的时机而一举放开,一夜之间暴富成为亿万富翁的事例经常发生。……因为泡沫经济崩溃,很多人放弃了,但是另一方面,参与进去的人也相当多呢。"他笑着对我讲道。

上田先生与宫城先生虽说都是 BIT VALLEY 的中坚,其性格却迥然不同。不知道 BIT VALLEY 下次什么时候还会遇到互联网泡沫呢?

———————————

① GaiaX Co., Ltd,总部设在东京都千代田区,是一家从事社交媒体、社交应用事业的企业。
② SoftBank Corp.,SoftBank 集团旗下公司,是日本提供无线通信服务(移动通信运营商)及长途、国际通信业务的大型电信运营商。

与为大众媒体提供热点话题的涩谷 BIT VALLEY 相反,三鹰市 SOHO CITY 设想迈出了扎实的步伐。

作为在东京都中心部工作的白领阶层的 Bed Town[①],积极推进住宅建设的三鹰市自高速成长期以来,日产汽车、日本 CO-LUMBIA 等著名工厂逐渐搬迁至市外。在长期不景气的情况下,市税收也随之减少,为对应老龄化、少子化需要制定新都市政策。于是,"SOHO CITY 三鹰构想"便登场了。

那么,为什么在三鹰建造 SOHO?

为了找寻这个答案,我去了 2000 年 4 月刚刚开张的三鹰产业大厦。

从 JR 中央线的三鹰站沿着步行街走七八分钟的样子,可以看见一幢全新的 7 层楼建筑。

二楼是按照《中心街区活化法》,由三鹰市出资 1/2 以上、市内中小企业占出资者 2/3 以上的 TMO 特定公司城镇建设三鹰株式会社提供产业支持服务的楼层。在这里,从市政府调派来担任科长的关幸子女士向我做了说明。来自全国的考察络绎不断,事务繁忙的她言简意赅地讲了几个要点。

从中央线沿线的新宿、中野、高圆寺到三鹰市,这一带近年来聚集了很多利用个人电脑与互联网的小型事业者。不过,对建设 SOHO CITY 产生影响的还是三鹰市城镇建设研究所的建议。

城镇建设研究所是 1996 年以支持市民主体的城镇建设为目

---

① 指大都市周边的住宅都市,居民大部分白天去大都市上班,只有晚上才回来。

的而成立的三鹰市城镇建设公社(财团)的一个部门,是市民与企业家、大学、行政共同开展调查研究的阵地。三鹰市早在20世纪70年代起,就积累了以居民参与为基础的城镇建设经验,从企划阶段开始就在各个政策层面上推进市民参与。

更加上在三鹰市,地域信息化计划自80年代已起步。1988年,率先在市内全覆盖NTT数字通信网络;接着,武藏野三鹰有线电视(株式会社)在整个区域内铺设了光纤网络,成为国内速度最快、容量最大的通信网络地区。

另外,与当地的医生协会合作,通过可视电话开展居家照护的应用实验;在三鹰站前的商店街开展了使用电子货币的未来交易的实验;以信息化为杠杆,开展了各种各样的社会实验。就在这样的土壤上,城镇建设研究所第三分科会提出建议后,一下子就促进了SOHO CITY的意向达成。

"首先要从哪里开始呢?"关女士等人对市内200家企业进行了调研,收集了他们的需求,然后开始制定针对SOHO的支持体系。

1998年,三鹰站前的商店街二楼,SOHO试点办公室(pilot office)开始运营,9家企业入驻,支持功能设置完备。

2000年4月,产业大厦与三立SOHO中心开张,后者有17家企业入驻,以退休人员为主体、引起了反响的NPO法人"老年人SOHO的普及沙龙·三鹰"也是其中一员。一贯主张"拥有人生积累的老年人是一座宝山"的堀池喜一郎先生,在1999年10月开设了由70人组成的面向老年人的IT教室,同时也对老年人风险投资给予支持。

产业大厦的三层与四层又新入驻了 26 家公司,除了数字内容制作、软件开发以外,还有动漫企划与制作等不同风格的公司。二楼的楼层作为对 SOHO 的支持,实现了入驻企业的通用秘书职能;作为合作伙伴,向企业与市民介绍最合适的 SOHO 等商业配对服务(matching service),提供网络建设的支持平台。

在该楼层,具体向事业者及市民提供建议的是羽田野二稔先生等三位协调人。羽田野先生亲自入驻试点办公室,经营 SOHO 型企业ラクーン多摩(有限公司)①,针对市面上销售的文件制作软件、表格计算软件,开发了明信片等格式制作软件。另一方面,对于准备启动 SOHO 事业的市民提供咨询;将市民与企业、各种团体联系起来,在地域社会里不断扩大创造新商机的"场所",力求"通过 Ba(场)②的创造,生产出多样化的社会价值"。

在这样的背景下,2000 年 9 月末,SOHO 试点办公室的内部诞生了新的商机。这是一个代理输入客户数据、发送直邮等事务工作的事业,是由试点办公室里担任接待的 6 个女性兼职者启动的事业。她们说:"对于工作繁忙的创业者来说,我们觉得有必要安排事务代理人。在近旁看着创业者工作,感觉自己也能够做到。"由此迈出了第一步。

羽田野先生对此表示了支持,将其作为有限公司ラクーン多摩的 SOHOT 事业部,"在走上正轨之前借给其名分(扶其上

---

① 现 Kizunaba 公司。
② "场"在日语中的发音为 Ba。

马)"。受惠于行政扶持的创业者,又接着对后辈创业者进行支持,网络便这样连锁般地扩散开来。

对于小型 SOHO 事业者来说,产业支持中心在协调的同时建立起行政、创始人、市民一体的"创意之家",绝对是一个给予其巨大勇气的存在。

活用 IT 的中小企业的网络化

东京都的大田区正在努力推进 IT 技术的使用,期待让零散的城镇工厂群变身为"虚拟大工厂"。

说到大田区,那里是尖端中小企业集聚的产业地区。其特征被评价为拥有世界第一精密加工技术的尖端匠人在高科技时代造物的根据地;拥有机械金属加工的熟练技能与特殊技能的企业群,形成了相辅相成的网络,承担起尖端大企业所必需的实验品制造功能。

被称为"国家技术城市",甚至被评价为尖端技术大企业的试验及量产工程如果离开了大田区高科技城镇工厂的技术与产品则不能实现的世界稀有的大田区产业集聚,也遭遇了接踵而来的日币升值与泡沫经济崩溃后的世纪末萧条的双重打击,工厂数量从 1983 年高峰时期的 9190 家锐减至近 6000 家,很多城镇工厂都处于危机存亡的关头。

这些城镇工厂从前在石油危机、日币升值的不景气的环境中,就已经开始摸索从大企业中"独立"出来的道路。20 世纪 80年代以后,这些工厂积极地接受了微型电子工学(Micro Electronics,ME)革命,在现场一边引进 ME 机器,一边对他们原本擅长的匠人精密加工技术精益求精,通过向利基产业(niche industry①)市场打入本公司的名牌产品,巩固了自立的地位。

大田区的产业政策也通过积极加强不同行业之间的交流等企业间的横向联系,对零散企业的网络化提供支持。另一方面,为了保存日本第一高科技产业集聚,基于建设生活与产业共存的有魅力的城镇的目的,1995 年 10 月制定了《产业的城镇建设条例》。

其中,对生活者提出了"产业者"这一概念,在生产—流通—消费的关联中理解产业活动所具有的社会意义,注入了重视生活环境协调的产业振兴理念。

接着,在 1996 年 2 月,作为"未来型产业支持设施"的大田产业大厦(昵称"PiO")竣工开张。该设施为了制定创意经营战略与构思,汇聚了各种各样的人才进行交流,成为信息的收发中心;同时,钻研尖端技能与技术,成为支持研究开发的技术中心;更兼具作为全球产品与服务交易的贸易中心的功能,对于大田区而言,是一个实现了全面支持功能的场所。

现在正在进行中的大田区"虚拟大工厂"的目标是什么? 我拜访了它的设计者——SAYAKA 株式会社的猿渡盛之社长。

1975 年创业的 SAYAKA 株式会社(资本金 4800 万日元,职员 46 人)位于东京湾的填海地城南岛工业区(城南工业合作社),

① 利基(niche)是指针对企业的优势细分出来的市场,这个市场不大,而且没有得到令人满意的服务。产品如果打进这个市场,就会有盈利的基础。在这里特指针对性、专业性很强的产品。

是一家自动化机械制造商。它自力更生地将倒闭的公司进行重建,跳出了承包商的格局,成长为一个拥有自主品牌商品的企业。

"利用地域的经营资源,为地域提供工作",这是他们的基本理念。自主制定就业规则、设置工资及奖励的"自我申报制度",贯彻了全体职员共同参与的经营方式,激发了职员的创意。

在日币升值不景气的 1986 年,提出了"本公司品牌战略"。从那以后,在设计企划上投入了精力,开发出在点心上自动打印(可食薄膜)图案的"点心配色机器人"等充满了创意的原创产品,引起了社会反响。现在在手机等印刷电路板、半导体集合基板的基板切断机领域内寻找新的商机。

猿渡社长回答了我的采访:

"大田的城镇小工厂将实现巨大的网络工厂化"等大众媒体上的喧哗,令人震惊。总之,出于依靠信息化来防止大田区固有技术的空洞化及地基下沉的考虑,成立了产业信息网络协议会,我就当了会长。

现在,作为"国际呼叫中心"的载体,正在推进城镇工厂网络的 IT 化。首先,社长可以使用电子邮件,从一开始就试图将 FAX 网络调换成 E-mail。

迄今为止,大田区的城镇工厂都是依托了人际关系而联系在一起的。这个叫作"横向承包",某个企业接受订货后,将工作交给城镇工厂,相互融通。我们希望利用 IT 技术,将这种联系进一步扩大。比如,很多工厂究竟拥有什么样的技术我根本不清楚，如果将技术做成数据库，那么相互之间就容易利用了。

至于开展的方式，虽然大田区没有核心大企业，但像我们这样的核心小企业很多。为了提升整体水平，就要在地域中信息共享，就要消除"数字鸿沟（digital divide）"。

将来，如果硅谷等地方向"国际呼叫中心"订货，那么，工作就会立刻分交给擅长这一领域的工厂，从而制作完成产品，这是我们所追求的状态。希望能够树立起"大田品牌"。

身材矮小的猿渡先生那满怀着希望与自信的话语，就同博洛尼亚的中小企业将独具特色的水平性网络结构加以 IT 化而获得扩张一样，想要在大田区建造多重性的"创意之家"。

另外，在创造"大田品牌"这一点上有趣的是 1997 年 2 月成立的大田福利机器开发研究会（由 8 个团体 38 人组成）的活动。研究会的代表西嶌和德先生告诉我：用于福利与看护的机器，原本希望按照个人的需求进行定制生产，现在大量生产型的工厂并不能满足消费者的需求。而大田区的匠人型中小企业擅长做单品生产，所以利用他们的技术，致力于符合个人需求的机器的开发生产。为了帮助残障人士便利地使用个人电脑，已经制作出了键盘保护①、头戴式向导②、可以消除台阶差的过渡台等试验品，

————————

① key guard，对于身体筋肉紧张或体力较弱的人，设置较为容易操作的电脑键盘，也能防止触碰到其他按键，起到键盘防御的辅助功能。

② head pointer。

将来准备在产业大厦里安置"福利机器协调员",将使用者与城镇工厂连接起来。

随着如此努力地推进,高科技大企业的试验品制造根据地将会向改善地域居民"生活品质"的地域产业发生转变。

城镇工厂与尖端技术匠人的城市——大田区近年来也开始刮起艺术文化之风。到了周末,在区政府的大厅里,有民间团体大田城镇建设艺术支持协会(ASCA)策划的免费音乐会与区内居民的管弦乐队活动。1999年3月,为祝贺大田区居民大厅APRICO竣工,举行了首次公演《夕鹤》,引起了很大反响。活跃的大田区居民歌剧吸引了大众目光。

大田区的区民歌剧协议会成立于1990年5月18日,担任理事长的二期会①低音部②歌手山口俊彦先生,在留学欧洲时深刻体会到扎根于地域的音乐的重要性,便与妻子悠纪子女士一同发起组织了这个协议会。

悠纪子女士原本是女高音歌手,现在专门从事歌剧的编剧工作。夫妻二人几乎每两年就会公演一次莫扎特的歌剧《后宫诱逃》③(1996年9月)、《唐·璜》④(1998年5月)、《女人心》⑤(2000年10月)。又应居民的期望组建了歌剧合唱团。

合唱团大约有60人,除了正式演出与每周一次的练习以外,

---

① 1952年成立的声乐家民间团体。

② bass。

③ Die Entführung aus dem Serail。

④ Il dissoluto punito, ossia il Don Giovanni。

⑤ Così fan tutte。

公演当天还会穿着戏服引导听众。如此,当音乐在地域中扎下了根之后,1995年大田区区民歌剧支持会作为支持团体也顺利组建。大约有200个区民参加了该组织,募捐歌剧的赞助金、在公演之前自主举办学习会等等,歌剧逐渐在大田区生根发芽。

正如在第二章中所述,匠人的工作在意大利叫作"opera",所以区民歌剧也许也非常适合像大田区那样的匠人都市。

如上所见,即便在世界都市东京的脚下,也能够感受到产业与文化的"创意之家"正在逐渐扩大的气息。

2 地方圈的产地与农村也要打造"创意之家"

重建传统"纤维产地"

在关东平原的西端,有一个自古以来就是著名的纺织品都市——桐生市。它的三面都被养蚕盛行的日光赤木山脉所包围,处于桐生川与渡良濑川两条河流交汇的扇形地带。桐生川是一条清流,直到最近都在延续着水洗印染的传统;渡良濑川则因为足尾矿毒事件,在日本近代史上留下了印记。在江户时代素有"西有西阵,东有桐生"称号的桐生市,作为代表性纤维产地声名远扬。

自从关原合战中德川家康从桐生筹措来军旗以后,这个城市就被封为江户幕府的直辖地,是幕藩体制下少有的"自由的匠人之城"。它的繁荣发展经历,在《都市的逻辑》①一书的著者、当地出生的历史学家羽仁五郎的笔下被誉为"东洋的佛罗伦萨"。

到了明治10年代,纺织品经营者森山芳平先生等人开发出被称为"羽二重"②的具有独特光泽与"婴儿肌肤般"柔软手感的丝绸纺织品。在明治20年代,正式向外出口,取得了巨大成功,桐生驰名海外。

森山先生主动将机械纺织技术普及全国,当北陆的福井与金泽也加入了"羽二重"的大量生产中后,便将这一领域承让出来。另一方面,桐生的经营者们引进当时先进的提花织布机(jacquard),不断开发出"先染"③等具有高附加值的纺织品。

例如,1887年(明治20年)桐生的豪商("买继商"④)佐羽喜六先生创办了日本纺织品株式会社,开始生产从前专门依靠中国进口的缎子。经过两年半的时间造出了一个大工厂,为了获得动力纺织机的动力,从渡良濑川引水两公里进行水力发电,多余的电力用于一般家庭。这是仅次于京都的全国第一名的壮举。

另外,1906年就读于东京工业学校的前原准一郎先生创办了合资公司桐生制作所,开始了纤维机械的开发生产。该公司逐渐推进了施工机械与汽车零配件的生产,而后,肩负起桐生机械金属业的重任。

---

① 羽仁五郎:《都市の論理》,劲草书房,1968年。
② 纯白纺绸。
③ 指在纺织前先染色。
④ 近世批发商人的一种。

这些明治以后随着产业发展建造的锯齿形屋檐①的纺织品工厂与仓库,留下了众多的近代遗产,在桐生市内形成了独特的街区空间。

第二次世界大战中一度衰退的桐生纤维产地,在战后迅速复兴,一直到 20 世纪 70 年代中期,以真丝、人造丝、尼龙、化纤为原料,生产出和装的绉绸、带子料和出口用的宽幅②纺织品等多种多样纤维产品,维系了产地的发展,特别是将目标锁定在提高生产高附加值纺织品的"纺织原料技术"上。

可是,80 年代以后,在日元升值的趋势下出口不景气,而从亚洲诸国的进口开始激增,再加上和装纺织品的需求低迷,桐生产地遇到了重大危机。

根据桐生纤维振兴协会的调查,产量、加工收入、销售额全部加在一起的产地收入,从 1980 年顶峰时的 1170 亿日元锐减至 1999 年的 425 亿日元;事业所的数量也从 1987 年的 1466 家减少至 1999 年的 606 家。工商总会的调查也显示出纤维业界面临着 7 成经营者考虑停业的严峻形势。

在这样困难的情况下,桐生继续在未来型产地的道路上摸索着、挑战着。

1988 年,以桐生当地产业振兴中心(财团)为中心,开始举办纺织品促进展示会与时装比赛。

---

① 类似锯齿形状的三角屋顶的建筑物。主要是纺织、染色相关的产地中常见的工厂建筑。
② 布匹的幅度是一般宽度的 2 倍,约为 72 厘米。

由石川ヨシオ先生、菱沼良树先生等著名青年设计师担当纺织原料及线条(silhouette)设计,在桐生产地完成了从素材到最终产品的一贯性生产的这些展示会,充满了无与伦比的激情,而产地的技术也回应了设计师敏锐的感性,诞生出有创意的作品。没有想到的是,在切身体验了用当地生产的素材变身为华丽的时尚之后,最兴奋的竟然是纤维业内人士。

自该中心成立以来便担任专任理事的森山亨先生指出一个问题:以往,产地的纺织品经营者脱离了大都市的最终消费者,一般都是依靠生产商及商社的订购来处理工作,对于最新的时尚信息及消费者需求并没有给予足够的关心。

"羽二重"(纯白纺绸)的制作元祖森山芳平先生的孙子森山亨先生,从长年工作的大型纺织公司退休之后回到了桐生,为了振兴产地又继续忘我地投入工作之中。

> 无论是哪个产地都拥有悠长的历史沉淀下来的优秀的技术与文化,但是当地的经营者却不认可其价值。缺乏自信阻碍了经营革新的意欲,为了消除这些偏见,找回自信,我得到了设计师的协助,才挑战了产地一贯性生产。而且,并不是单纯的时尚展览,而是专注于纺织品原料,体现出一决胜负的产地雄心。

森山先生出色地命中了目标。参加米兰典藏①的展品获得了

---

① Milano Collection。

国际高度评价。

从那以后，在桐生产地中，有一些经营者从大型制造商及综合商社的承包商性质蜕变出来，出现了创造桐生品牌的新动向。

这一动向的先驱者，是森山先生的旧友、染织设计师新井淳一先生。从桐生高中毕业后，继承了家传的纺织品生意的新井先生发明了一种独特的技法。他将金、银、铝薄薄地真空蒸镀在塑料薄膜上，再将上过漆的细线织成布，浸在热水中，创造出特别的手感，为三宅一生先生、山本宽斋先生等世界著名设计师提供原料，同时又展开自己的创作活动。这些将产地的传统技艺与高科技相结合的作品获得了高度评价，1987 年他被授予英国名誉工业设计师的称号。

一方面接受了海内外的美术展览邀请，另一方面在市内的本町路上开了一家店，断言"自己的工作处于艺术与技巧之间"的新井先生的活动对桐生产地的未来形象给予了重要的刺激，艺术家与纤维产业经营者、与市民之间的合作事业的阵地逐渐扩大。

桐生市以 2000 年为目标年份，制定了《第三次综合计划》，将其未来形象定位为"高科技与时尚之都"。1994 年，将利用工商会所、历史、自然及地域的固有资源的"产业与文化相融合的城市建设"总结为《时尚之都构想》，开始对城镇建设进行综合性扶持。

在保留了很多明治以来的传统建筑的本町路的中段位置，有一个特别引人注目的巨大的砖瓦建筑物。它是由两栋仓库组成的"有邻馆"，一直到最近都被近江出身的豪商矢野株式会社用来制作味噌酱油与酒窖，现在则用于时尚秀、活动会场，变身为市民参与的"创意之家"。

牙医盐崎泰雄先生与电器商人川村智史先生、设计师山崎稔先生三人共同创办了有限公司 Origin Studio。山崎先生对那些在桐生市内的闲置工厂里开展数字艺术与创作活动的人给予了支持，并考虑 IT 相关产业的创业。

他们二人在参加森山先生发起的"早餐会"的过程中，对造物及城镇建设产生了兴趣，大约从 10 年前开始创办了电脑通信渡良濑网络，在民间推进地域信息化。

自从互联网普及以来，他们成立了地方自治研究会，将市议会的议事记录数据库在网上全文公开，积极推动行政信息公开与市民参与。现在正在为 2001 年夏天成立 NPO 法人桐生地域信息网络做准备。因为他们认为，推进纤维产地信息化的关键不仅仅只在业界，还在于扩大市民相互信赖的网络。

辞去了当地产业振兴中心职务的森山先生，在矢野株式会社的扶持下，于 2000 年创办了支持纤维产业的新商业"染殿"，对产地企业的小批量染色实验、设计形象的具体化等进行支持，对承担未来型产地的风投企业实现了"孵化器"的作用。

如上所述，人口 12 万人的小城市桐生市在造物中一边融合了艺术，一边开始了重建传统纤维产地的"创意连锁过程"。

将传统艺能进行创意产业化

从秋田县的 JR 角馆站开车大约 10 分钟，可以看见在一派恬静的田园风景中，有一个占地 3 万坪的包含了大型剧院及众多文化设施的田泽湖艺术村。

经营田泽湖艺术村的蕨座,是1951年原太郎先生在东京与几个朋友一同创建的剧团,两年后移居于民谣与舞蹈的宝库——秋田县田泽湖町。在之后的大约半个世纪里,充分沉浸于农村自然中,开展了创意活动。

近年,蕨座与田泽湖艺术村之所以受到关注,是因为那里有:每年举行250场公演的拥有650席位的蕨座剧院、容纳250名客人的酒店及温泉ゆぽぽ,以及在制作正宗的手工家具的同时,开办奥卡利那笛(洋埙)①工作坊的森林工艺馆和手工艺品工作室,还有将15万首民谣制作成数据库进行保存利用的民族艺术研究所、担任电脑软件开发的数字艺术工厂等,开展了丰富多彩的复合型文化创意事业,多方面地推进与地域社会之间的合作。

一般而言,与大都市不同,农村要开展专业的创意活动困难重重,让我们回顾一下蕨座与田泽湖艺术村是如何克服这些困难而实现了自己独特的文化事业活动的。

蕨座的艺术创造的特征体现于:在精心收集调查关于歌咏农耕业的喜与苦、生活的喜怒哀乐的各地民谣及民俗艺能材料的基础上,将其搬上舞台,展现独特的舞台艺术,自创办起演出剧目已经达到了300种。尤其是通过歌曲及舞蹈,将从事农、林、渔业生产的群众的能量以舞台表演的形式形象地表达出来,具有绝对性的张力与无法效仿的高水准。另一方面,略微老套的编剧及登场人物的造型等方面尚缺乏深意也是被指摘的问题。

---

① Ocarina。

打破这一创造性壁垒的契机之一是 1989 年与 1991 年两次访欧公演。参加意大利、法国、德国、西班牙的国际庆典活动的经验,对蕨座舞台给予了重大冲击。

现任全国公演营业部部长的永干夫先生,回忆起他在国际部任职时的情形。

1991 年 8 月 1 日,在意大利西西里岛的名胜陶尔米纳(Taormina)举办的国际庆典的首日舞台上,蕨座上演了舞蹈剧《津轻》。作为会场的古希腊剧场,是一个建造于绝壁之顶,能够俯瞰蔚蓝色地中海的半圆形户外剧场,而 3000 米高耸的埃特纳火山(Etna)则构成了它的背景。

在那般秀美而雄伟的与自然浑然一体的剧场空间里,再现了津轻的农民的跃动感与生命的光辉,与自然共鸣,让超过 6000 人的观众心神荡漾。语言与文化背景都相异的欧洲观众大为感动,让蕨座获得了极大的自信,同时也明确了戏剧表演的课题。

与此同时,将重点放在与站在国内舞台创作第一线的人士之间的"共同制作"上并积极推进,才获得了今天的繁荣。通过与宝塚、东宝的音乐剧职员们开展具体的合作项目,"娱乐"力确实大涨。"共同制作"的积极开展,从某种意义上来说,也是"与异文化的相会"。

通过与异文化的积极交流从而确认自己的个性,同时又发现新的课题,蕨座后来不断地在新领域中创造音乐剧。另一方面,以年轻一代的剧团成员为中心，成立了将传统乐器及摇滚乐、雷鬼乐①融合在一起的音乐合唱团"响"，在全国的学校里进行巡回演出；从外部邀请詹姆斯·三木先生②作为剧本导演，尝试将司马辽太郎原著《油菜花海》改编成舞台剧等等，打破了常规，走向新的艺术创造。

但是，一般而言，要想在大都市圈以外的地方健全地经营艺术创造活动是极其困难的。作为支撑如此旺盛的创作活动的经营资源，蕨座整合了酒店、温泉、当地啤酒、餐馆等多种设施，意义深远。

首先，在1974年，通过"椅子基金"等项目募集了来自全国800万人的捐赠，建造了蕨剧场。所谓"椅子基金"，指的是在椅子上刻上捐赠者的姓名，这把椅子就成为捐赠者在剧场的专用席位。接着，在1975年建成了酒店，逐渐接纳普通观众入住观览，后来又成为接待学生修学旅行的契机。

深受校园暴力困扰的老师们的预约就这样开始了。刚开始，我们也竭尽全力，为了让学生们心意相通绞尽脑汁。后来，学生们在学习大鼓与乐器、一同欣赏舞蹈的过程中，逐渐打开了心扉。在回去的时候，大家都意兴盎然，特别坦诚。

在周边农家的帮助下，我们也让学生们接受一些农作体验。一开始是15户农民，后来自发组织了接收网络，现在已经增加到700户。这也是蕨座被地域社会认可的契机之一。

---

① 牙买加音乐 reggae。
② 原名山下清泉（1935— ），日本的编剧、作家、歌手。

蕨座的代表小岛克昭先生回顾了当时的情形。

1992 年挖掘出温泉,1996 年田泽湖艺术村正式开张。

翌年,当地啤酒与餐馆开始营业。请来了一流的厨师大岛昭一先生担任总厨师长,将温泉、餐饮与蕨座的魅力糅合在一起,每年接待 13 万游客。包括剧团成员在内,艺术村的职员 380 人中的 45％左右都是从当地招聘来的,发展成为周边城镇中雇佣率最高的一大产业。

另一方面,在新产业创造方面值得期待的是长濑一男先生领衔的数字艺术工厂。传统艺能的圣地蕨座与数字艺术的组合,乍看似乎有点不可思议,但正如音乐有乐谱及音符那样,全国各地的民族舞蹈的动作也可以分解为舞蹈的谱与符,再制作成数字数据,对保存及普及发挥了作用。

在电脑的格斗游戏等开发中有一个叫作动作捕捉(capture)的技术,长濑先生便尝试开发出一种技术,通过磁力式动作捕捉,将舞蹈者的自然的动作用三维元数字数据进行记录,然后就能轻松地在电脑上重现。

蕨座的舞蹈演员与长濑先生等人合作完成了数字舞蹈符,以往笨拙的画面上的动作,被柔软而自然的动作所取代。

利用这个技术,能够让电脑画面上的人物表演民族舞,也能够轻松地跳跃流行的啪啦啪啦舞①,引得索尼等游戏软件公司纷纷前来询价。

---

① 20 世纪 80 年代后半期,发源于日本的一种舞蹈。2001 年电影《浪漫樱花》中便有这个大众化的广场舞。

那么，为什么蕨座将精力投进 IT 行业呢？这个问题要说起来，最初只是单纯出于用电脑来管理多方面发展的艺术村的经营组织的想法，后来才设置了该地区的北仙北互联网协议会"北浦花 net"事务局，开始接受资助事业，长濑先生等人便成为该部门的专职人员。

要发展 IT 产业，必不可少的就是自己独特的内容，蕨座便拥有那种庞大的资产。附属民族艺术研究所的研究员茶谷先生等人，已经将 15 万首民谣制作成了数据库。今后，还会制作成 CD-ROM，通过这些利用，蕨座将会创造新的事业。

可以说，蕨座与田泽湖艺术村的尝试，让这种复合型文化事业体本身就成为农村的"创意之家"，从而结出了以传统艺能为根基的创意产业的珍贵成果。

3　如何制造一个多样化且独具个性的产业与文化的"创意之家"？

在此，我们一边对这些现场进行比较，一边就地域建设多样化且独具个性的产业与文化的"创意之家"所必需的要素及条件进行归纳。

对于最具现代性的创意产业之一的大众媒体内容、电商（互联网商业）领域而言，比如硅巷、BIT VALLEY 所体现的那样，协调拥有艺术才能与编辑才能的人相遇，是"创意之家"诞生的不可欠缺的要素。

另外,比如桐生,为了复兴传统产地,需要协调拥有纺织技术的匠人与感性洋溢的设计师的相遇。

也就是说,如同威廉·莫里斯所说的那般,将曾经是一体的艺术与技术重新结合起来,或者发现不同的才能,对其进行协调,在这样的人的周围就会形成"创意之家"。

因此,产业与文化的"创意之家"的第一要素,必须有将艺术家与企业、市民联系起来的协调者。像 BIT VALLEY 的宫城先生、桐生当地产业振兴中心的森山先生那样,不是从事民间的营利活动,而是在非营利的 NPO、第三部门中开展活动更为恰当。

另外,同三鹰 SOHO CITY 一样,帮助小型事业者寻找最适合的合作伙伴;为日常生活中与社会交流的机会越来越少的老年人及主妇提供扩大商业机会的舞台,这是"创意之家"不可缺少的要素。

像大田区那样,利用 IT 建造了"虚拟大工厂",在开发新的尖端机器与福利机器时,将以往大田区内从未有过贸易关系的城镇工厂通过灵活的网络重新连接起来,扩大了"创意之家"。

也就是说,在连接人与人的网络的结点之处,就是"创意之家"的诞生之地。但是,处于利用互联网的网络结扣中心点(node)的机构也是非营利性质的,它的一个重要性就在于向所有人开放的社会性。

在桐生,以电脑通信的渡良濑网络为平台,建立起 NPO 法人桐生地域信息网络;在田泽湖,蕨座主管北仙北互联网协商会"北浦花海 net"事务局，为地域做出了贡献。

正因为如此，产业与文化的"创意之家"的第二要素就是基于人与人的信赖关系的网络结扣功能。由开放自由的非营利机构所承担的网络，实现了草根居民的参与，加强了地域的民主主义。

继承了农村传统艺能的蕨座，在参加了国际庆典之后受益良多，在艺术上获得了极大飞跃，他们与异文化之间的交流就成为一种创意空间。

与此同时，利用 IT 技术保存下来的传统艺能，则扩大了创造新多媒体产业内容的可能性。

如此，在保护地域固有的艺能与传统技艺之际，又通过 IT 利用，扩大了与异文化之间的接触、与尖端技术相结合的机会，而制造出多样化且独具个性的"创意之家"。

因此，"创意之家"的第三要素便是推动与全球异文化之间的交流，推动传统工艺及艺能与现代尖端技术及艺术相遇的功能。

如上所述，要制造产业与文化的"创意之家"，并不一定需要建设新的设施。相反，保护传统街区空间与近代产业遗产，再复兴加以利用，反而能够制造出对创造给予刺激的"地域固有的环境"。

金泽的市民艺术村、京都的西阵商家就是这样一种优秀案例。

通常，现代社会大多将"有创意的人的活动"理解为艺术家或科学家等人实践的特殊活动。但是，原本对于地域的所有居民而言，无论是老人还是孩子，是残障人士还是失业者，为他们自由发挥精神或身体能力提供机会,是"创意之家"的重要条件。

即,只有"任何人都可以创意地生活与工作的地域"才能被称为创意地区。

因此,创意地区的首要条件并不仅限于艺术家与科学家能够自由地开展创意活动,而是通过工人与匠人发挥自己的能力,开展灵活的生产,拥有抵御全球裁员风暴的丰富的自我革新能力的地域经济体系。

尤其是为了规避全球泡沫经济崩溃的影响,不仅有所谓"安全网"[①]这种消极的应对,而且地方都市与地区从以世界都市东京为顶点的垂直型地域经济结构中跳脱出来。正如金泽市(第三章)的事例所示,在地域的资源及文化、艺能,以及技术与知识的基础上创造新企业;强化地域的产业关联;地区居民自我学习并企划、经营"内发型发展",都是极为必要的。

世界都市东京标榜着"千客万来的世界都会",在大型开发事业上投入了巨大精力,并非要重现迷你泡沫经济;[②]大田区从基层重振以中小企业为主体的产业社区;三鹰市在市民参与的基础上开展对 SOHO 事业者的创业扶持,推动了"任何人都能够创意地生活的都市东京"的振兴。

在农村及地方产地,通过与大都市的艺术家开展合作事业、

---

① safety net,像网眼一般开展救济措施,是一种社会保障。

② 1973 年,日本发生了土地、股票等资产价格急剧上升的现象,但历时较短,并没有对日本经济产生长远影响,为区别后来的"泡沫经济"而称为"迷你泡沫"。

与海外文化进行交流,打开了以往没有过的创意文化及产业诞生的可能性。

创意地区的第二条件,是指对支持科学与艺术创造的大学、专业学校、研究机构以及剧院、图书馆等文化设施加强并完善建设;维护中小企业、匠人企业的权利;促进新创业简便易行;充实那些扶持创意工作的各种合作社及协会等非营利部门。创意地区是一个以创意扶持基础设施发挥能动作用的地域。

尤其是 IT 革命中大量信息在全球流通,以往的技术与知识迅速过时。而另一方面,像桐生、田泽湖艺术村那般,地域保存下来的传统艺能、技艺与技术获得了重新评价并实现了产业化。

正因为如此,除了现有的研究机构、文化设施之外,还必须通过并不以直接利润为目的的自由的非营利合作机构,在地域内建造多处"创造知识的场所"。

此外,农村特别重视与大都市、海外艺术家的交流,是因为在日常工作及生活中有必要创造出新的文化。

第三,通过产业发展改善地域居民的"生活品质"、提供充实的社会服务,从而对环境、福利医疗、艺术等领域中的新产业发展产生刺激,实现产业活力与生活文化也就是生产与消费平衡发展的地域。

"生活品质"的改善即"生活的艺术化",促进了新环境、福利医疗、艺术等领域的新产业发展机会的增加;从环境领域向福利领域、从福利领域向文化领域,对不断带来连锁变化的、具有创意又有灵活性的居民自主组织 NPO 及合作社给予了活动场所,这是十分必要的。

第四,拥有能够制定生产与消费开展空间的企划权限,是一个保护自然环境与传统街区、提高地域居民的创造力与感性的美丽的景观地域。

特别是在产业结构发生剧变的情况下,由于中心城市的空洞化、历史街区的加速破坏,我们需要保护修复传统街区及近代产业遗产并将其转变为"创意之家",同时又能为老年人及儿童提供安心的无障碍设施(barrier-free)的都市设计。

当时,三鹰产业大厦等硬件设施对创意活动产生了实际的刺激作用,这种商业配套服务支持体系的重要性日益彰显。

第五,该地域必须具备保障地域居民的多样化创意活动的居民参加系统,也就是狭域(小范围)自治与负责地域的广域环境管理的广域行政系统。

特别是在财政危机的名义下,全国的自治体合并风潮兴盛。财政能力薄弱的农村及小城市,尤其容易被强制执行。于是,在小范围的地域内阻碍了居民参与,出现了与国际性分权化潮流相违背的倾向。因此,必须重新审视自治体的简单合并。相反,更重要的是转向更为狭域的分权化,以及扩大与NPO、非营利团体之间的合作关系。

第六,该地域拥有支撑创造性自治体行政的财政自主权与政策形成能力较强的自治体职员。

《地方分权总法》虽然施行了,但是也被称为"未完的分权改革",不得不承认向地方移交财政尚不完善。要真正实现分权,财政改革就是至关紧要的课题。

当实现了上述条件之后，那么，不单单是金泽与京都，即便在世界都市东京等巨大都市圈，或者地方圈的人口规模很小的农村与小城市，都可能制造出多样化的"创意之家"。

除了本书中所取材的事例以外，从艺术文化政策中发现新支柱的仙台市与水户市；以文化"产地"重建为目标的今治市、濑户市；旨在将匠人工作室与现代文化相结合的东京都墨田区；以艺术与市民之力从大地震中复兴的神户市；通过黑壁广场①恢复繁华的长浜市等，都积极投入创意都市的建设之中。

像这样的"创意都市的挑战"形成了巨大的浪潮，当创意都市的网络横向扩展时，也将会打开新的"都市的世纪"，发掘出停滞不前的日本社会的潜力。

4　加强合作的国内外创意都市

加速进展的"创意都市的挑战"

2001 年 9 月 11 日，在"世界都市"纽约，两架喷气式客机突然撞上了曼哈顿世界贸易中心的双子塔，瞬间夺去了 2672 个生命与总额 1000 亿美元的资产。在这场"9·11"悲惨事件发生之前，

---

①　位于滋贺县长浜市老城区，利用传统建筑群建设的观光景点。

这座以金融为中心的都市经济已经发生了异常。其后,纽约模式的"世界都市神话"急速崩溃。接着,在2008年9月15日,因雷曼兄弟证券公司的破产引爆了华尔街及世界金融危机,使得全球经济陷入了直至今日依旧极不稳定的状态之中,也给人们提供了反省"市场原理主义的全球化"的机会。

2011年9月中旬开始,华尔街周边连续多日发生针对高失业率及贫富差距扩大的抗议活动,作为国际金融的中心地,"占领华尔街"的口号之下示威活动升温,数千人集结于作为根据地的祖科蒂公园,集会不断。2001年诺贝尔经济学奖的获奖者、哥伦比亚大学的约瑟夫·斯蒂格利茨教授也参与其中,他表示:"考虑到2500万人不能正常就业的现状,发生这样的运动是非常自然的,甚至可以说发生得太晚了。我认为,这是一个将会改变现状的巨大运动的发端。"斯蒂格利茨教授在2008年的金融危机发生之际,也严厉批判了美国政府没有对金融市场进行充分监管。

在这种对世界都市、对放任弱肉强食的新自由主义竞争的批判之声日益强烈的情况下,世界各都市正在争相振兴都市经济,通过提高艺术文化的创造性、发掘市民的活力,朝着"创意都市的时代"前进。这股潮流尤其集中体现在2004年。

其中最令人印象深刻的是巴塞罗那召开的"世界文化论坛2004"。这是继"9·11"之后,为避免高涨的国际恐怖主义、各种冲突及纷争,从多方面探讨艺术文化所发挥的作用,巴塞罗那向世界发起了呼吁,举办了这场世界性活动。从2004年5月到9月下旬的 141 天,开展的内容涉及艺术、人权、发展、环境、治理等多个主题,是跨国对话与艺术文化活动组合的划时代活动,简直可以称为"21 世纪的文化博览会"。在这些论坛中,8 月下旬举办了以"文化权与人类发展"为主题的研讨会,笔者也被邀请为主旨演讲者之一。该内容受到了极大关注,所以我在此简单地介绍一下。

该国际会议是由在巴塞罗那设有根据地的艺术 NPO、INTEL ARTS 财团在获得了联合国教科文组织等机构的协助之下企划的活动。从主题上就能看出其充满了激情,从正面讨论"人的发展"与"文化权"的关联。它立足于 1998 年诺贝尔奖获得者,出生于印度的经济学家阿玛蒂亚·森教授所提倡的"capability(能力、才能、可能性)"即"发展可能性"的概念。其观点是,富裕与贫困的指标并不是以往那种以人均 GOP 的多少来进行衡量,而是看每个国家与地区的人们拥有多大程度的"发展可能性"与"选择权",能否成为一个在人生的各种层面上都能够进行"有意义的选择"的社会,这才是应该衡量的"人的发展指标"。

INTEL ARTS 财团的代表爱德华·德尔加多先生讲述了举办这次会议的宗旨:"在一个开拓了发展可能性与潜在能力等多种选择的社会,虽然必须保证女性的社会参与、少数人的发言权等基本人权,但是如果从提高每一个人的潜力的观点来看,创造丰富的文化并享受文化的权利,也就是'文化权'的确立将变得越来越重要。"

另外,在研讨会开始时,森教授发来了下面这段致辞:

> 文化,毫无疑问增强了人们与都市、与地域的认同感,但是当不同的主体性发生碰撞时,会产生难以调解的对立,加剧憎恨。为了从这种负面连锁中逃脱出来,至少不要去否定对方的主体性,而要站在一个承认差异的复数主体性的立场上。

笔者在题为"都市重建中艺术文化的作用"的主旨演讲中做了回应:人类的发展与文化权,以及认可复数主体性的文化多元性的概念,在今后将成为创意都市理论的哲学基础。

"9·11"之后的21世纪初的世界,基于新自由主义的全球化将富裕与贫困两极分化扩大为世界规模,对文化与宗教也产生了重大影响,激化了宗教价值观的对立与文明的冲突。为了阻断这一对立与憎恨的连锁,用文化艺术的力量能够做些什么?人类的发展与文化权、认可复数主体性的文化多元性,让我们有机会学习到这些重要的关键词的,正是巴塞罗那。为了探索"重视文化多元性、更为调和的全球化"的方向性而提供了创造性的对话机会,这正是世界文化论坛的意义所在。并且,这一活动完全体现出重视"文化与对话"的创意都市的世界领导者——巴塞罗那的真心实意。

顺带说一下,笔者出席的国际研讨会是四国语言的同声传译,这四种语言是法语、西班牙语、英语和当地的加泰罗尼亚语。

用日本来比拟的话,除了标准日语外,还配了大阪方言的口译。不管怎样,这是一个重新认识文化多元性的会议。

艺术文化与创造性对话推动都市重建——巴塞罗那

2004年举办了世界文化论坛的巴塞罗那是仅次于马德里的西班牙第二大都市。人口150万人的都市自治体与周边地区的150万人构成了大都市圈,再加上外延部的150万人,成为合计拥有450万人口的广域大都市圈的文化经济中心,也可以称其为"南欧代表性创意都市"。

在诞生出毕加索、达利、米罗等现代绘画巨匠的巴塞罗那,建筑大师安东尼·高迪设计的圣家堂①、桂尔公园②等,被称为"现代主义"③的一组建筑群构成了独特的都市景观。中心街区的兰布拉大道(La Rambla)上,年轻的艺术家们在街头展示表演。另外,还有出自萨·诺曼·福斯特、理查德·玛雅、拉斐尔·莫奈等现代建筑师之手的建筑物,以及46家博物馆、29家公立图书馆等众多文化设施,超过600家的文化联盟在开展活动,可以说这是一座充满了现代艺术能量的文化创意都市。

在文化产业方面,近年来通过音频视觉(Audio/Visual)相关制作等措施,巴塞罗那GDP的7%、就业的8.5%都是从文化相关

---

① TEMPLE EXPIATORI DE LA Sagrada Familia(1882—　),世界文化遗产。
② PARK GÜELL(1900—1914),世界文化遗产。
③ Modernismo,在西班牙语和葡萄牙语中指艺术形式的现代主义、天主教会的现代主义。

活动中创造出来的,每年拥有 500 万人观光客的文化观光业也很繁荣。

在巴塞罗那文化机构中工作的乔迪·帕斯卡先生说,巴塞罗那特别值得一提的是在都市重建中,以艺术文化为支柱,重视"创造性的对话"。

据帕斯卡先生介绍,1975 年,从长期统治西班牙的佛朗哥[①]独裁政权瓦解前后开始,在民主化诉求的都市社会运动的背景之下,市民要求大力建设公共广场,情绪高昂。1978 年制定了新宪法,推进了民主化运动。以巴塞罗那为中心的加泰罗尼亚州的自治宪章在第二年获得批准,恢复了自治权的都市举行了第一次选举。这时,推动着社会运动的旗手们就位于新市议会的中心,着手从"以产业为中心,对立严重的都市"向"创造性的和平都市"转型的都市蓝图更替;重视"文化与对话",制定了雄心壮志的长期都市计划。其中的一位旗手便是 INTEL ARTS 财团的代表爱德华·德尔加多先生。在他们的首倡下,艺术文化在都市重建中承担起中心作用。

在那之前,深受独裁者佛朗哥苛政之苦的巴塞罗那市民,因为贫困而恶劣的居住环境,以及超过 20％的高失业率而痛苦不堪。因此,在最初的十年中,市议会与都市计划局的重点不只在物质建设上的公共空间,还放在了文化复兴上,开始了公共艺术

---

① 弗朗西斯科·佛朗哥(Francisco Franco),西班牙内战期间推翻民主共和国的民族主义军队领袖,西班牙国家元首,首相,自 1939 年起至 1975 年,独裁统治西班牙长达 30 多年。

项目。例如,在没落之后治安也变得恶劣的拉巴尔地区的兰布拉思大街上设置了一个巨型猫的艺术作品(哥伦比亚,费尔南多·伯特罗①作品),吸引了附近的孩子过来玩耍,在墙上画起猫的图画;大人们也被吸引到广场上,形成了讨论圈子。就这样,慢慢地,治安也得以恢复。

　　将市划分为十个"地区",作为狭域自治的单位,首先从重视与市民的对话做起。对赛贝塔工厂、贝佳斯罗工厂等古老的工厂进行重建,尝试改变为博物馆及社区中心、新文化生产活动的场所,取得了一系列的成果。在公共艺术项目方面,丽贝卡·霍恩②、罗伊·利希滕斯坦③等国际艺术家向公共广场提供了雕刻等艺术作品,塔皮埃斯④、米罗⑤、乔安·布罗萨等当地艺术家也参与了进来,国际开放性与当地参与慢慢融合。另外,通过往昔的传统节日而重新发现了加泰罗尼亚的传统,从当地的历史过往延续到现在、未来,形成了"市民对话的场所"。

---

① Fernando Botero(1932—)哥伦比亚的当代油画家、雕塑家,以肥胖造型的绘画及雕塑著称。

② Rebecca Horn(1944—),德国的视觉艺术家、装置艺术家、电影导演。

③ Roy Lichtenstein(1923—1997),美国波普艺术的代表艺术家。利希滕斯坦最著名的就是他的漫画和广告风格结合的绘画,借用当时大众文化与媒体的意象,用标志性色调和标志性大圆点(Benday dots)的手法来表现"美国人的生活哲学"。

④ Antoni Tàpies i Puig(1923— 2012),出生于西班牙卡达卢尼亚区,是继毕加索、米罗、达利之后的又一伟大艺术天才。

⑤ Joan Miró i Ferrà(1893—1983),西班牙画家、雕塑家、陶艺家、版画家,超现实主义的代表人物,是和毕加索、达利齐名的20世纪超现实主义绘画大师之一。

就是这样,巴塞罗那的都市重建计划在帕斯卡尔先生所说——"所谓都市,是在一个具有创造性且能挑动想象力的自由环境中培育起来的未来性观念与考察之下创造出来的。在这个意义上来说,都市是文化的产物;关于都市的讨论,也就是关于文明与人的价值的现状及可能性的讨论"——的文脉中不断推进。

其次,第二个特征是都市计划与文化政策的一体化,是对文化大胆投资的集中体现。

以1992年的奥林匹克为目标,之后被称为"巴塞罗那模式"的都市重建运动不断推进,以住宅建设及公共空间为中心的都市基建整备取得了进展。奥运会举办之后,财政困窘,进入了经济衰退期。公共部门退居后景,民间的房地产开发商站到了都市开发的前沿。当时并不是依据市场理论自由放任地推进都市开发,而是由公共部门提出指导方针,采用吸引民间资本的公共—私人合作伙伴的方式,体现了"通过文化与创意进行都市重建"的特征。

例如,在环境恶劣的老城区拉巴尔地区,首先整治了带有地下停车场的广场,其次完善了巴塞罗那现代美术馆(1995年开放)、文化中心、剧院、学校等文化设施,从而改善了周边的治安,高档画廊、艺术商店、开放式咖啡馆相继入驻,创造出一个市民热闹云集,鉴赏艺术的"创意公共空间"。另外,在拥有大片工厂旧址的波布莱诺地区(Poblenou)的达尔哥诺·玛(Diagonal Mar)一带,虽然委托美国的房地产公司主要进行高层住宅及购物中心的开发,但依旧建造了占地12公顷的广阔的公园,以及成为世界文化论坛会场的论坛广场,意图打造一个重视与世界各地的人进行对话的多元文化共生的都市。

第三特征就是成立了既具有灵活性又拥有统一权限的文化政策部门。

将文化政策与经济政策、都市计划、社会福利政策相融合是一个重要课题,不过文化也绝不能沦为旅游、经济等其他部门的工具。出于这一考虑,1996 年建立了巴塞罗那专门的文化机构,也就是帕斯卡尔先生上任的巴塞罗那文化机构。由此,将文化各部门进行一体化管理,在 1999 年提出了文化战略计划。

该计划从 6 个领域对巴塞罗那进行了部署:(1) 创造固有文化内容的创意之家;(2) 把文化作为社会团结的主要因素;(3) 与流行的数字文化保持步伐一致;(4) 以全球视野对物质遗产与非物质文化遗产进行调和;(5) 提高大都市圈中的文化中心性;(6) 打造国际宣传舞台。

联合国教科文组织创意都市网络事业的启动

在 20 世纪末起急剧发展的市场原理主义的全球化之中,发展中国家的文化遗产及语言逐渐消失,文化权与人的发展受到了阻碍,文化的多样性受到了损害,从而导致了文化的同一性。在上述巴塞罗那推进文化战略之前,联合国教科文组织便已经对此拉响了警笛,通过世界文化遗产及非物质文化遗产等认定,呼吁保护文化遗产;同时,在 2001 年通过了《关于文化多样性的世界宣言》。

"其背景是,在世界贸易组织体制之下,不仅是汽车、高科技家电等工业产品,甚至电影及电视节目、杂志都成为贸易自由化的对象,好莱坞的电影产业等拥有强大经济影响力的巨型文化产业将席卷市场,破坏文化多样性。这令电影元祖的法国、意大利等欧洲各国产生了强烈的危机感。"至 2010 年担任了十年联合国教科文组织总干事的松浦晃一郎先生回顾了当时的情形。

继而,在 2005 年通过了《关于文化表现多样性的保护及促进条约》。在成员国(及 EU 等区域一体化机构)中,关于文化活动及文化遗产、服务创造、生产、普及、分配、享受,允许采取包括公共监管、资金资助在内的妥当措施,以及加强包括公共广播在内的媒体多样性的措施。2006 年,EU 加盟,并接受了中国及印度等拥有多种少数民族的国家。可以预见,针对新自由主义、无秩序的全球化导致的文化同一化倾向,这一条约对促进相互认可的文化多样性、适度的全球化发展产生了一定的影响力。(安江《世界遗产学的邀请》[①])

在这一发展过程中,2004 年联合国教科文组织文化局呼吁,要解放文化产业的创造性及社会经济的潜力,以实现文化多样性为目的,成立创意都市的全球同盟。

那么,为什么联合国教科文组织会关注"都市"呢?

联合国教科文组织的秘书处列举了以下三点主要原因。

第一,都市里汇集了承载创意产业的文化活动;而创意活动、产品等制作、供给等一系列行动都是在都市里发生的。

---

① 安江则子:《世界遺産学への招待》,法律文化社,2011 年。

第二,都市通过提供空间与场所,具有将从事创意活动的人连接起来的潜在可能性;另外,通过都市的连接,产生了全球合作的可能性。

第三,与民族国家相比,都市对内部的文化产业所产生的影响适中,而又具有足够规模而成为国际市场的流通窗口。

创意都市的全球同盟,也就是在网络上,有志向参加的都市可以从文学、音乐、设计、媒体艺术、电影、美食,以及工艺 & 民间艺术 7 个文化产业群中挑选一个领域,不需要通过国家(中央政府)的中介,直接向巴黎的联合国教科文组织理事会提出申请。

在目前已被认定的都市中,有爱丁堡(文学)、博洛尼亚(音乐)、塞维利亚①(音乐)、柏林(设计)、蒙特利尔(设计)、布宜诺斯艾利斯(设计)、波帕扬②(美食)、圣菲③(工艺 & 民间艺术)、阿斯旺④(工艺 & 民间艺术)、墨尔本(文学)、里昂(媒体艺术)等 30 个都市。加入网络的都市,希望在培育自己的创意经济的基础上,共享经验、技术信息、技能训练与技术,尤其希望加入对发展中国家都市进行扶持的计划。作为注册条件,除了文化产业的集聚、人才培养机构的充实以外,对于推动创意都市实现的常设组织的活动,尤其重视公共部门与民间部门、市民部门的合作。

---

① Sevilla,西班牙城市。
② 哥伦比亚西南部城市,考卡省首府。
③ Santa Fe,美国新墨西哥州的首府。
④ Aswan,埃及南部城市,阿斯旺省首府、著名古城、旅游景点和贸易中心。

在日本及亚洲,2008年10月神户市与名古屋市、11月中国深圳市获得了设计领域的注册;次年6月,金泽市在工艺领域内获得注册;其后,中国的上海(设计)、成都(美食),韩国的首尔(设计)、利川(工艺)相继取得注册资格。除此之外,还有浜松市(音乐)、札幌市(媒体艺术)、鹤冈市(美食)等很多城市正在做着申请准备工作,今后在日本及东亚,基于文化多样性的都市全球网络也将不断扩大。

前总干事松浦先生说:"以往,联合国教科文组织将重点放在了对人类生产的物质及非物质文化遗产的保护上,今后打算扶持现在依旧生存着的文化及文化产业的多样化发展,创意都市网络事业的重要性在今后会越来越大。"

因此,创意都市网络在扩张之际,将取代市场原理主义的全球化下以世界都市为顶点的文化同一化倾向,必定朝着"富有文化多样性,调和平衡发展的全球化"方向加速度发展。联合国教科文组织所推进的重视文化权与人的发展的多元文化全球文化政策,由以创造性的市民为主体的创意都市来担当旗手,是非常合适的。

受联合国教科文组织的启发,UNCTAD(联合国贸易和发展会议)自2004年以来对创意经济开始了正式调查,2008年和2010年出版的《创意经济报告》产生了重大影响。不仅是发达国家,也受到了发展中国家的关注,在东南亚地区,泰国和印尼等国家对创意经济及创意都市都产生了广泛兴趣。

环境、文化、社会包容①相融合的创意都市——蒙特利尔

在联合国教科文组织开创的创意都市网络中,蒙特利尔作为"北美的创意都市"发挥了重要作用。它仅次于多伦多,是加拿大第二大都市,拥有 180 万人口的都市自治体与周边地区的 160 万人,形成了合计 340 万人口的大都市圈,是英语圈的加拿大唯一使用法语为官方语言的魁北克省的代表性都市。

在高科技产业云集的北美大陆都市群中,蒙特利尔不仅在航空宇宙、生物制药工程、尖端技术等产业领域拥有竞争力,在培养匠人与艺术家方面的文化政策也很有特点,特别是以享有世界盛誉的马戏艺术为代表,200 个专业舞台、50 家舞蹈公司、儿童文学、动漫、电脑文化等也获得了国际好评。另外,每年举办的庆典与艺术节超过 90 台,200 万人的游客到访,创造了 25000 万美元的经济效应,1000 多家文化财团等文化团体的支出高达 50 亿美元,雇用了 9 万人,集聚了 93 个娱乐商业。

根据理查德·弗罗里达教授②与当地的文化支持组织"蒙特利尔文化"所开展的调查显示,在研发、信息、艺术、文化、教育、训练等"创意阶层的核心"职业的集聚度中,蒙特利尔位列北美第

---

① social inclusion,排除摩擦和孤立,包括社会上的弱势群体在内,将每一个市民都作为社会(地域社会)的一员,相互支持。

② Richard L. Florida(1957—),美国社会学者,多伦多大学罗特曼管理学院商业与创意教授,创意阶层集团和华盛顿特区全球智库的创始人,畅销书《创意阶层的崛起》的作者。

二,另外在高科技工种中位列第四,与艺术有关的职业高于全加拿大平均水平的 1.5 倍。佛罗里达教授高度评价了蒙特利尔是"北美的创意都市"。

然而,蒙特利尔的创意都市之路并非一帆风顺。

虽然与巴塞罗那的历史背景不同,但处于 20 世纪 90 年代后半期开始的世界金融危机之中,尤其受"9·11"恐怖事件的影响,庞巴迪飞机[①]等航空制造产业受到重创,经济与财政遇到危机,于是在市民中间兴起了都市振兴运动。其中,被列为文化扶持预算削减对象的艺术家与文化相关人士遭遇了严峻的财政危机,为了应对这场危机而成立了包括艺术文化团体、工商总会等在内的经济界的横向组织——"蒙特利尔文化"(拥有 700 名会员的 NPO),向市议会提出政策建言。另一方面,都市圈内所有的艺术文化相关团体都开始举办免费活动的"文化日"。

机构代表西蒙·布罗先生介绍说:

> 15 年前的蒙特利尔同大阪一样,也遭遇了严重的萧条期。社会已经到了不得不做点什么的地步。于是,不仅仅是政治领域,经济、艺术、文化等各个领域的人们都自问自答,开始了研究。我是在艺术与文化领域工作的,但是我觉得单打独斗也不行,应该相互合作,一起运作。我们自己虽然没

---

① 庞巴迪 Bombardier 是一家总部位于加拿大魁北克省蒙特利尔的国际性交通运输设备制造商。庞巴迪飞机一般指 DHC-8 型,冲-8 系列客机是加拿大庞巴迪宇航公司最畅销的机种。

有资金,但是拥有好的创意,所以尝试着向蒙特利尔市及公共团体提出建议,通过文化艺术能够让城市变得更有活力。我们向市里提出了三个建议:(1)市民参与文化艺术;(2)有效利用城市所拥有的土地及设施;(3)将蒙特利尔作为文化都市推向世界。

就是这样,为了克服都市危机,在市民与艺术文化团体的巨浪的推动下,诞生了今日被誉为创意都市的蒙特利尔,这是第一点特征。

接着,在 2005 年制定的最新文化政策中,蒙特利尔市提出了三个目标。

第一,让所有人都享受文化——将蒙特利尔建设成为知识文化都市。

第二,对文化与艺术进行积极扶持——将蒙特利尔建设成为文化创意都市。

第三,提高生活的品质——重视文化因素,提高蒙特利尔的生活品质印象。

特别是蒙特利尔集中精力的领域,除了以往就很发达的影像、舞蹈、音乐等艺术领域,近年来又增加了法语名为"Nouveau Cirque"的备受世界瞩目的新马戏。在日本,也有凭借了《Alegría》①

---

① 太阳杂技的巡回公演剧目之一。1994 年 4 月 21 日首演,2013 年 12 月 29 日结束,在 20 年中公演了 5000 多场。

《ZED》①等公演而闻名的"Cirque du Soleil"（太阳马戏），这是 Guy Laliberté②等两个年轻的街头艺人于 1984 年开始的表演，现在发展成为世界最大的娱乐公司，仅在该市的本部拥有雇员 2000 人之多。剔除了传统杂技中的动物曲艺，以人为中心的大道艺术中组合了歌剧与摇滚，被高度评价为创立了"马戏艺术"这一新艺术种类。现在，甚至有观点认为，蒙特利尔简直超越了发祥地法国，成为"新马戏"的主场。

1999 年，蒙特利尔的马戏艺术相关人士与行政部门、关心文化的市民们汇集一堂，提出了将马戏艺术的企划、训练、制作、公演等基础设施集中起来，将蒙特利尔打造成为世界数一数二的马戏艺术中心都市的构想。在蒙特利尔市的北部，有一个北美第二大的填埋区（占地 192 公顷）被选定为目标区域。在 20 世纪经济发展的过程中，遭受环境污染的工厂旧址、垃圾填埋地被称为"褐色地带"③。通过集中配置马戏艺术的文化资源，为将"褐色地带"改造为"绿色地带"开展了宏大的社会实验。

1999 年 11 月，国立马戏学校与太阳马戏、全国马戏艺术网络（En Piste）④三方共同成立了事业中心机构——非营利团体 TO-HU。TOHU 的意思是开天辟地的瞬间，也就是表现了"混沌"

---

① 从 2008 年 10 月 1 日至 2011 年 12 月 31 日，在东京迪斯尼乐园内设置的太阳马戏专用剧场内的常设表演剧目。
② Guy Laliberté(1959—)，加拿大的大道艺人、实业家、慈善活动家，娱乐集团"太阳马戏"的创始人。
③ Brownfield land。
④ En Piste，加拿大马戏艺术协会。

（chaos，希腊语）的希伯来语（Hlinebraios），象征了支撑改革与创新的能源。在附近的圣·米歇尔地区（St-Michel）内有少数族裔群居的贫困社区，所以该事业在文化、环境之上又增加了社会性目的，三方联动。在获得了魁北克省、蒙特利尔市的协助与相互保险公司 SSQ 金融集团的支持下，投入 TOHU 的资金总额约 7300 万加币，2000 年太阳马戏国际总部搬迁，设施扩张；2003 年 11 月，国立马戏学校也完成了迁址；2004 年 6 月，TOHU 的展示馆迎来了盛大开幕。该设施利用了自然能源，是蒙特利尔第一个真正的马戏剧场（设有 840 席位），在开业的第一年便接待了 15 万人入场。

TOHU 的经理夏鲁·马修·布鲁奈先生说了这样一番话：

> 拥有如此生态环保品质的 TOHU，不仅仅是作为马戏艺术的根据地，它与蒙特利尔市及地区行政相结合，兼具环境问题及地域开发信息中心的功能。马戏、环境，最后是社区重建。该项目的相关人士，同时也是该社区的居民。在这片区域，居住着 65 种不同文化背景的人。我们相信，他们的合力将创造出新的文化。

毗邻的圣·米歇尔地区约有 14 万人口，是市内第二大人口密集地区。这里居住了很多意大利人、希腊人、葡萄牙人，还有来自亚洲和拉美的少数族裔，因此收入及教育水平也是市内最低的。TOHU 不仅邀请圣·米歇尔地区的居民观赏马戏表演，还开创了新的户外庆典,制作了巨大的篝火雕像,成功实现了当地年轻人的赋能①。此外,TOHU 的管理与清扫工作中雇用了 25 名当地的年轻人,对当地进行了支持。

对于这样一种环境与文化、社会包容相融合的尝试,国际上给予了高度评价。2005 年 12 月,联合国以 TOHU 及马戏艺术都市为会场,召开了关于温室气体减排的国际会议,设置了联合国生物多样性秘书处。就这样,在蒙特利尔,作为艺术创造与都市再生的象征,以及作为引擎的马戏艺术城的实验,实现了将环境保护与邻近居民的社会包容融为一体的新事业。

2006 年,蒙特利尔在加入联合国教科文组织创意都市网络之际选择了设计领域,设计政策的负责人马利·乔赛·拉科洛瓦先生说:"这是因为我们认为,都市的设计对市民生活的品质及环境的品质带来了重大影响。"

金泽 21 世纪美术馆产生的影响

仿佛是对这些欧美国家的行动隔空呼应一般,2004 年日本国内也出现了两个新动向。

2004 年 10 月 9 日,原本担心因政府大楼迁至郊区而导致空洞化的金泽市的市中心,一座圆盘状的金泽 21 世纪美术馆突然拔地而起。这座被市民称为"圆美"的美术馆,其建造目的在于:以 1980 年以后的当代艺术为中心,对世界艺术作品进行收集与

---

① empowerment,对社会地位较低的人和受到歧视的人们进行支援,使其享有权利。

展示;通过邀请著名艺术家进行公开制作等活动,将当地的传统
工艺、传统艺能与现代艺术结合在一起。"艺术是对培养富有创
意的人才的未来进行的投资",第一代馆长蓑丰先生如是说。基
于他的这一考虑,在开馆后的半年中,邀请市内所有的中小学生
参观的"博物馆周游"事业取得了成效;开馆一年,入场人数超过
市内人口 3 倍,达到 158 万人,其经济效应(包括建设投资在内)
超过了 300 亿日元。

当询问其成功的原因时,"因为我们对免费邀请的孩子们赠
送'再来一次券',请他们下次一定要与父母一起来美术馆。有统
计数据显示,从孩提起就出入美术馆或剧院鉴赏艺术的人,长大
以后参观的机会也会多于平均数。鉴赏机会的多少并不一定与
个人收入相挂钩。"蓑馆长对我说明了美术馆的战略。

然而,这个美术馆所产生的影响,并不仅限于经济。在从事
传统工艺与传统艺能人士众多的金泽,市民对 21 世纪美术馆的
建设也分成了赞成与反对两派意见,掀起了热论。"即便在现代
艺术作品上花费高额税金,50 年后恐怕也只会变成毫无价值的垃
圾。收集那些有口碑的人间国宝①的作品难道不是更好吗",等
等,当地的媒体也出现了批判论调。前市长山出保先生回应道:
"传统是创新的延续。无论在哪个时代,前卫的东西只有累积在
传统之上,生命力才得以维系。今后,对于担当金泽文化旗手的
年轻人来说,如果身边没有机会接触世界最先进的艺术,金泽迈
向文化都市的步伐就将停止。"可以说,就在这种将城市一分为二

---

① 被指定为非物质文化遗产的人物。

230

的嘈杂讨论中,创意都市金泽巩固了地位。像这样的社会性、文化性的影响,不正是 21 世纪美术馆赋予金泽的价值吗?

于是,全玻璃装饰、好似公园一般的崭新设计在威尼斯双年展第九届国际建筑展中荣获金狮子奖。不仅被国际上评为当年最佳美术馆,也获得了市民们的认同,创意都市政策的势头更上一层楼。在 2008 年起担任馆长的秋元雄史先生的指导下,在传统商家及萧条的商店街、匠人工作室等全城积极开展当代艺术的"艺术平台",在传统工艺与传统艺能中吹进了前卫艺术之风,通过将传统与前卫相融合的尝试给都市带来了再生的气息。这一努力结出的成果便是,开馆 7 年入馆人数达 1000 万人,作为现代艺术美术馆创下了惊人的纪录。

接着,金泽市以这座美术馆为核心尝试了新产业创造,成立了对工艺、时尚、数字内容产业等创意进行扶持的"时尚产业创意机构"(2011 年改名为"工艺商务创意机构"),在历史悠久的传统工艺、传统艺能与当代艺术的融合之中,开始创造新的地域产业。从 2006 年 10 月启动的名为"金泽爱好"的"时尚展"上,不仅展出了新感觉的加贺友禅、纺织品、工艺等作品,还上演了"加贺宝生"①的能乐与现代音乐合作等新表演形式,蕴含了探求金泽固有的评价体系并进行重构的意图。

在 2010 年 10 月的"时尚展"上,以"和②的智慧是最先进的"为基本理念,以传统的创新、融入生活的艺术、编织艺术的生活、

---

① 这是石川县的传统艺能宝生流派的能乐,金泽市指定的非物质文化财产。

② 日本民族称"大和民族"。"和"即日本、日本的。

文化的产业化、产业的文化化为主题，尝试创造新的"和"的价值，吸引了国内外来宾 41630 人与 487 名采购商。

具体事业则以纤维产品、传统工艺品等时尚产业向国内外的宣传为目标，通过"服装节""SUTEKI'10 金泽工艺物语""生活工艺"等多姿多彩的项目提升金泽品牌的魅力。

特别是"金泽工艺物语"打出"共振的传统与新感性"主题，不仅将市内传统工艺企业与设计师合作开发出的新产品进行发布展示及销售，而且在特别企划事业"生活工艺"项目中，18 位生活鉴赏家为了探求"被什么样的'东西'包围着，能够心情愉快地度过高尚的每一天"，集中展示了大约 270 件日常使用的生活工艺品，宣传了金泽工艺所拥有的多样性魅力及可能性。

正如第三章所见，工艺在金泽市的地位可谓是第一骨干产业，小型事业所特别多，一般采用工作室的形式，在店铺前进行展示与销售。另外，在中心部的金泽城旧址半径 5 公里的范围内，集聚了 139 名工艺家的工作室及 74 家店铺，简直就像散布于城市中的工艺集群。与此同时，在同样的金泽中心部还集聚了 34 家美术馆及博物馆。美术馆、博物馆与工作室、工艺店铺两个集群交相辉映，发挥出叠加效应，形成了具有魅力的文化集群与独特的文化景观。

金泽市不仅将工艺作为文化产业进行振兴，在 1989 年还制定了将历史街区建成为文化景观的都市景观条例，自此，通过小巷①保护条例（1994 年）、用水保护条例（1996 年）、斜面绿地保护

---

① "小巷"是金泽指定的特色历史街区。

条例(1997年)等推进了具体而细致的景观建设政策。并且,近年来以21世纪美术馆为中心积极推进将上述美术馆、博物馆实行网络化管理的文化政策,这些互动合作形成了独特的都市文化景观。

金泽的这些成绩受到了好评,2009年被国家认定为"历史都市"的同时,在联合国教科文组织所推进的创意都市网络中也成为世界上第一个在工艺领域注册的城市。

创意都市·横滨的实验

与飘溢着浓郁的古都之风的金泽形成鲜明对比的横滨,是一座刚刚迎来开港150年的近代大都市(380万人口)。在泡沫经济的巅峰之际,通过大规模的滨水区[①]如"港口未来·横滨"[②]等项目开发,意图从造船与重工业都市转型的横滨市,遭遇了泡沫经济崩溃与紧跟着的东京都中心商务楼建设高峰的双重打击而停滞不前。2004年1月,提出了备受瞩目的都市振兴蓝图《文化艺术创意都市——creative city·横滨的形成》。

3个月前,笔者与友人查尔斯·兰德利一同访问了横滨市政府,与前市长中田宏先生进行了亲切的交谈。横滨采用了在欧洲获得成功的创意都市这一新都市范本,希望市民一定要参与其中以获得成功。

———————————

① Waterfront,河岸、水边地带。现在也指作为过密城市的新开发区域的港湾、临海地区。

② Minato Mirai,神奈川县横滨市跨越西区及中区,面临横滨港的区域。

　　横滨立即提出了四个维度:实现艺术家与创作家想要定居的创意环境;形成创意产业集群,促进经济活跃;利用充满魅力的地域资源;建设市民主导的文化艺术创意都市。至 2008 年,这四点目标数值实现如下:

　　(1) 艺术家、创作家从 3071 人增加至 5000 人。

　　(2) 创意产业集群的从业人员从 15730 人增加至 3 万人。

　　(3) 文化、观光游客接待处从 85 所增加至 100 所。

　　(4) 文化鉴赏者从 248 万人增加至 350 万人。

　　前市长中田先生在同年 4 月新设了文化艺术都市创造事业总部,设置了全国第一个创意都市推进科,让整个市政府都积极投入"创意都市·横滨"的建设之中。其中值得瞩目的是"创意核心——积极推进创意地带的形成与影像文化都市建设",将 1929 年建造于世界大萧条之中,具有文化遗产价值的旧富士银行马车道支店及旧第一银行横滨支店,以及临海地区的日本邮船(株式会社)的仓库、空置的办公室加以利用,改造为艺术家、创作家及市民的"创意之家",开展这项实验事业的正是 BankART1929。

　　该事业将金融危机中成为清理对象的银行大楼改建为艺术中心,将原本水油不相融的金钱与艺术融合在一起的象征性命名(Bank＋ART)也受到了关注。从设计比赛中选拔出来的两个NPO 在三年中开展了以现代艺术为中心的各种展览、表演、工作室、研讨会等活动;连接东京都中心的"港口未来线"也开通了,成为热门话题。其后,旧富士银行马车道支店邀请了东京艺术大学研究生院影像研究科参与,推动了"影像文化都"的建设。2005

年、2008 年、2011 年的秋天,将 BankART 与横滨港闲置的码头设置为会场,成功举办了横滨现代艺术三年展(triennale)。接着,2007 年成立了包括金融界在内的政府与市民共同参与的创意都市横滨推进协议会,迈向了新阶段。迎来开港 150 周年的 2009 年度,召开了创意都市国际会议,开始建设亚洲创意都市网络。

事业总部部长川口良一先生回顾了当时的情况:

> 在横滨市,以港口为中心的历史建筑物与仓库等都是市民心目中记忆深刻的东西,具有共通的认同感。利用这些东西开展事业,我觉得非常具有象征性,而且也是非常好的契机。
>
> 现在,可以称为横滨港原点的"象鼻"①正在改建之中,我认为还是要好好利用这块地方。码头的仓库在今后要派作什么用场,必须经常考虑到它与现役港口之间的关系,要特别重视。

在横滨市的临海部,作为特色创意区位形成事业,森大厦(株式会社)名下预定拆除的空置大楼——北仲 BRICK&WHITE,限时使用于创意根据地(2005 年 6 月至 2006 年 10 月,作为临时设施使用)。这里大约集聚了 60 组艺术家与创作家,由 BankART 担任

---

① 位于神奈川县横滨市中区海岸通 1 丁目的象鼻公园是横滨港的发祥地。在横滨开港之际建造了两条突堤(码头),因其形状与大象的鼻子相似而得名。

协调,通过居住者的自主运营,营造出"创意氛围"。在其关闭之后,将原大藏省关东财务局事务所设置为横滨市的创意根据地——ZAIM(2006 年 5 月至 2010 年 3 月末,作为临时设施使用),高峰时期聚集了 33 组艺术家与创作家,由横滨市艺术文化振兴财团进行运营。接着,港湾运输事业商八楠(株式会社)名下的本町大厦·SHIGOKAI(2006 年 10 月至 2010 年 9 月,作为临时设施使用)聚集了 16 组艺术家与创作家,自主运营。北仲 BRICK&WHITE、ZAIM 与本町大厦·SHIGOKAI,形成了由美术 30 组、建筑 21 组、映像 7 组、企划 7 组、设计 6 组、城市建设 4 组、摄影 3 组、音乐 2 组、戏剧 2 组、其他 6 组等多种类型构成的艺术家与创作家聚集的文化集群。以这些设施为中心的创意区位形成事业的经济效应,从 2004 年 2 月至 2007 年 3 月的 3 年中,设施完善费约 39 亿日元,事业活动与创作活动费约 65 亿日元,参加活动的来宾消费约 16 亿日元,总计超过 120 亿日元。(野田:《创意都市·横滨的战略》)

为形成这些创意地带而实施的有效措施,从 2005 年度起新制定的《影像内容制作企业等选址促进资助制度》与《创作家等选址促进资助制度》对于充满"创意氛围"的办公室及区位形成发挥了有效作用。前者对于电脑绘图、游戏、动漫、纪实映像、Web 等影像内容制作企业与教育机构在横滨市的临海部进行选址设定,提供 5000 万日元以内的资助;后者后来对《关于创作家、艺术家开设事务所的支持资助制度》进行了扩充,对于影像内容制作、设计制作、艺术活动、画廊、孵化基地、导演等领域的企业与个人事业者、NPO等在横滨市临海部设置事务所给予200万日元以内的资助金。

于是,2007年7月,新设置了扶持艺术家与创作家的"艺术内容",在上述资助制度之外,2010年度又开始了《艺术房地产改建资助》。这是为了支持上述艺术家与创作家的活动,对于将建筑物进行改建或装修后出租的企业及个人事业者给予1000万日元以内的资助。这些措施有效促进了"创意氛围"的办公室及区位的形成。可以说,横滨市尝试了将产业政策与文化政策,以及都市空间形成政策的融合。

于是,在积极实施了这一系列有关形成创意区位及吸引艺术家创作家的政策之后,聚集了150余组的设计办公室、工作室、画廊等。具体而言,第一,在本町大厦·SHIGOKAI关闭之后全部搬迁至宇德大厦Yonkai,又迎来了新住户,现在共聚集了19组;Works关内聚集了20组、万国桥SOKO有8组、长者町艺术Planet有8组、800中心有9组等等,此外还诞生了诸如BLROOM、nitehi works等新私营民营的集聚型创意空间。

至于代表性地区则有:马车道·关内地区、港口地区、下町地区、横滨道地区、石川町地区、里横地区(うらよこ)等创意区位,完全就像理查德·佛罗里达所定义的那样,体现出"创意阶层"为"创意氛围"所吸引而日益集聚的现象。

另外,在初黄·日出町地区也开始利用艺术文化尝试社会包容。2008年秋天,配合"横滨三年展2008"举办了实验性活动"黄金町露天市场",并且在三年后的2011年继续举办。在第二次世界大战之后的混乱时期,初黄·日出町地区集中了 50 家特殊的风俗店,现在则积极开展创意事业,由当地居民与大学、政府、艺术家等专家组成的执行委员会担任主体,利用私营铁路高架下方的空地或空置的店铺开展"初音工作室""黄金工作室"等艺术活动。在这里,尝试了从大众之间吸收居民参与的文化地区建设。

在横滨的案例中值得关注的是,为了在都市重建中发挥艺术文化的创造性,将以往割裂的文化政策、产业政策、城市建设相关的行政部门进行横向重组,设置成新机构——文化艺术都市创意事业总部及创意都市推进科,通过在市政府内部公开招聘,汇聚了雄心勃勃的人才,组成了核心推进机构推进事业,大胆提议NPO 等市民在政策制定过程中参与策划。这一构想,当然不可避免地与以往割裂的行政机构之间发生冲突,但是也激发了发挥个人创造性的机构创意。正因为都市找回了创意,对"行政机构的文化"实行创意改革,横滨才真正走向创意都市。2011 年度起,从事业本部制向文化观光局创意都市推进部转型的过程中,还将付出持续的努力。

深化创意都市的合作

就这样,金泽与横滨成为领导者,真正开始了日本的创意都市事业。另外,受联合国教科文组织的创意都市网络的启发,2007 年度起,文化厅开设了长官表彰的文化艺术创意都市部门,每年大体选拔 4 个城市,促进了相互合作的机会。这项事业是在当时的文化厅长官青木保先生的主张下开始的,文化厅表示了支持创意都市建设的决心。并且,在时任文化厅长官官房政策科科长小松弥生先生的协助下,2008 年 2 月,全国创意都市研究者及政策负责人汇聚于大阪,召开了第一次创意都市圆桌会议;同年 10 月,加上获得文化厅长官表彰的金泽市、横滨市、近江八幡市、冲绳市与博洛尼亚、圣菲、柏林等代表,在金泽市召开了第二次圆桌会议。

2009 年度,文化厅创建了文化艺术创意都市推进事业,开始提供更多的扶持,配合同年 9 月在横滨召开的创意都市国际会议,召开了第一届创意都市网络会议。

第二届网络会议于 2011 年 1 月在象征着城市复兴的"铁人二十八号"①所守护的神户市新长田召开。1995 年大地震中牺牲了众多市民的神户市,在很长一段时间内,都市功能都陷入了瘫痪的严重危机之中。但是,在震灾复兴的过程中,神户市不仅进行了物理性的修复,更让众多市民亲身体验到能够关怀他人、抚慰受伤的心灵、给予人以勇气的艺术文化的力量,从而逐渐扩大了"艺术文化带来都市重生"的机会。于是,根据城市的历史与记忆,以震灾十周年为契机发表了《神户文化创意都市宣言》,意图充分发挥艺术文化,建设生机勃勃的创意都市。

自 2007 年起,利用港口的集装箱举办神户国际美术双年展,不仅采纳了现代艺术,还有表演、传统艺术、设计、时尚等多种多样的艺术文化,同时还利用城市资源,努力搞活,促进繁荣。文化不仅给予受灾人民生存的勇气,还与支持复兴的志愿者、环境保

①　为祈愿阪神淡路大地震的复兴而建造的巨大的铁人像。

护运动等结合在一起,为城市创建了新的地域共同体纽带。此外,同年 10 月,接受了神户工商总会的提案,设置了将市民、大学、经济界、行政等组织在一起的设计都市神户推进会议(事务局:神户工商总会),将都市形象的目标树立为"充满创造力的人们住在一起,通过开展活跃的文化与产业创意活动,激发都市的活力,实现富裕的市民生活的都市"。综合推进"城市设计、生活设计、造物设计"的独特的设计都市·神户,2008 年 10 月 16 日又获得了经济界的支持,在联合国教科文组织所倡导的创意都市网络中的设计领域成功注册。

担任经济界的组织者的是 FELISSIMO① 株式会社的矢野和彦社长。

我们公司从事电商事业,从 1996 年起,以《为世界上的孩子们赠予幸福的盘子》为开端创办了慈善盘子②基金。来自世界各地活跃的艺术家、音乐家、演员、设计师、职业运动选手等人士会提供免费设计,在这个基础上,我们制作并销售附带基金的盘子。而汇集的基金则为全世界的孩子们服务,捐赠给联合国教科文组织总部与设计提供者所支持的社会活动。

---

① FELISSIMO CORPORATION 是总部位于兵库县神户市中央区的大型通信销售公司,1965 年创业。公司名"FELISSIMO",是将拉丁语作为语源的词语"FELICITY(至福)"和表示强调的接尾词"SSIMO"融合在一起的新词,意为"最高级别的幸福"。
② Charity Plate。

据说,因为 FELISSIMO 的这一社会贡献活动的成就,联合国教科文组织文化局的负责人推荐其加入网络。

于是,神户通过世界创意都市论坛等活动的举办,推进了与联合国教科文组织的网络加盟都市的领导及艺术家之间的交流。蒙特利尔、柏林等设计领域的都市实现了第一个合作事业——国际海报设计竞赛,获得了联合国教科文组织总部的高度评价,推动了既具有全球视野又扎根于草根的地域视角的活动。2010 年,在开港后建成的历史建筑神户生丝检查所,艺术家、设计师及市民畅所欲言,开展了现代舞蹈、现代艺术作品展示、设计活动等多种多样的创意活动。现在,该建筑物正在为 2012 年夏天作为创意都市的根据地设施"设计·创意中心 KOBE"而做着开设准备。

另一方面,在神户市举办的创意都市网络会议上,还诞生了打造"创意农村"建设的新动力。

在会议之后的座谈会上,长野县木曾町的田中胜己町长打开了话题:

今天的会议让我再一次认识到,创意都市的理念正是日本社会开拓新未来的理论。我强烈地感受到,都市自不必说,即便是农村,如果不建设创意农村,也是没有未来的。木曾町是一个人口只有 1.2 万人的非常小的城市,在这十年间,我们思考了何谓创意地域建设,在不断地试错中走了过来。身处于农村危机中的我们,要立足于百年之后的地域建设,以培养城市建设与造物人才为目标,成立了木曾学研究所,还加入了"日本最美乡村"联盟,保护日本的农村景观与文化。虽然小却是光辉闪耀的唯一的农村,拥有引以为豪的自己的城市与乡村而自立,让这里在将来也依旧是美丽的地域。

此后,应中之条町、筱山市、仙北市等小型自治体领导提出的"必须有一个相互交流经验、信息共享的平台"的需求,2011年10月,在秋田县仙北市召开了创意农村研讨会。虽然当天天公不作美,但依旧迎来了全国13个自治体的职员、NPO、市民等约100人。

来自各地的参加者对利用地域固有资源及文化的现状进行了汇报,纷纷诉说了感想:"以往的活动都是将现代艺术活用于城市建设之中,这次大地震让我们重新认识了传统文化与传统艺能拥有的力量","每一个城市都精心设计创意,带着自信与自豪开展活动的姿态,让人感受到无穷的可能性","身处东北地区,让我们有机会思考地域文化的可能性,这是一个大收获","在自己生活的地方,有着前人努力积累下来的丰厚的传统文化,也有着新文化的萌芽。我们认为,文化力扮演了让日本恢复元气的领队角色,我们愿意从自己力所能及的事情开始"。第二届创意研讨会决定由筱山市主办。

经过了这些各种各样的交流机会,2012年2月4日,以"创意都市网络在日本的启动"为主题,东京举办了第三届创意都市网络会议,横滨、金泽、神户、名古屋、浜松、札幌、仙台、新潟、熊本、

东川、仙北、鹤岗、木曾、中之条、可儿、高冈、高松、别府等来自全
国32个自治体的157名参加者云集一堂。

会议开场,主办方之一近藤诚一文化厅长官呼吁道:

去年的3月11日,让我们清楚地意识到原本模模糊糊
的想法。自然能源的导入当然是重要的课题,但是地方主权
及文化艺术潜力的利用也非常重要。我觉得现在的情况是
日本人虽然拥有高度的能力与才能、创造力,却被旧的范式
所拖累而无法发挥出来。是"3·11"带来了巨大冲击,在震
后重建中,应当充分地、建设性地发挥日本人的特点。

从这个意义上来说,将地方主权与文化艺术的潜力成功
地连接在一起的就是创意都市这个概念。居住于当地的人
们,对每个地区根深蒂固的传统、历史、艺能等重新进行审
视,并且从外部邀请人士加入,通过互相讨论而产生刺激,诞
生出新的主意与灵感。运作这样一些活动,我认为是激活日
本的最有效的方法。而实现这一目标的机制,就是创意都市
网络。

在热烈的讨论结束之后,从英国赶来的查尔斯·兰德利先生
在纪念演讲中寄予了这样的期望:

我很期待日本成立创意都市网络,我对此抱有浓厚的兴
趣。我认为诸位的自我评价是非常重要的事情。通过与国

内的创意都市相比较，清楚自己具有多大的创意性，不仅能够审视自己所做的工作，而且还能够与亚洲及世界的项目进行比较。

最后，会议通过了关于下一年度建立创意都市日本网络的议事日程。

以上，我匆匆忙忙地回顾了自单行本出版以来大约十年间的动向。在遭遇了世界金融危机的连锁反应及史上最严重的震灾之后充满了闭塞感的日本社会，连接创意都市与创意农村的网络扩展，正是日本创造性复兴与重建的关键。

参考文献一览

全书相关文献

刘易斯·芒福德（Mumford，Lewis）：*The Culture of Cities*，1938，*生田勉译《都市的文化》，鹿岛出版会，1974 年

刘易斯·芒福德（Mumford，Lewis）：*The City in History*，1961，*生田勉译《历史的都市，明日的都市》，新潮社，1969 年

简·雅各布斯（Jacobs，Jane）：*Cities and the Wealth of Nations：Principles of Economic Life*，1984，*中村达也、谷口义子译《都市的经济学——发展与衰退的动力学》，TBS Britannica，1994 年

麦克·皮奥莱（Piore，Michael J.）、查尔斯·萨贝尔（Sabel，Charles F.）：*The Second Industrial Divide：Possibilities for Prosperity*，New York：Basic Books，1984，*山之内靖、永易浩一、石田あつみ译《第二产业分水岭》，筑摩书房，1993 年

宫本宪一：《都市政策的思想与现实》，有斐阁，1999 年

---

* 该书英文版信息为译者自行查询。下同略。——译者注

宫本宪一:《日本社会的可能性》,岩波书店,2000 年

重森晓:《分权社会的政策与财政》,樱井书店,2001 年

佐佐木雅幸:《创意都市的经济学》,劲草书房,1997 年

创意都市研究相关文献

Bianchini, F. and Parkinson, M., *Culture Policy and Urban Regeneration—— The West European Experience*, Manchester and New York: Manchester University Press, 1993

Ebert, R., Gnad, F. and Kunzmann, K. R., *The Importance of "Cultural Infrastructure" and "Cultural Activities" for the "Creative City"*, London: Comedia, 1994

Florida R., *The Rise of the Creative Class*, 2002, 井口典夫译:《创意资本论》,钻石出版社,2008 年

Hall, P., *Cities in Civilization*, London: Weidenfeld, 1998

Landry, C., *The Creative City: A Toolkit for Urban Innovators*, London: Comedia, 2000, 后藤和子监译:《创意都市》,日本评论社,2003 年

池上惇、小暮宣雄、大河滋:《现代的城镇建设》,丸善图书馆,2000 年

后藤和子:《文化与都市的公共政策——创意产业与新都市政策的构想》,有斐阁,2005 年

野中郁次郎、竹内弘高:《知识创造企业》,东洋经济新报社,1996 年(原著英文版刊行于 1995 年)

野田邦弘:《创意都市·横滨的战略——创意都市的挑战》,学艺出版社,2008 年

佐佐木雅幸编:《创意都市的展望》,学艺出版社,2007 年

中牧弘允、佐佐木雅幸编:《向着创造价值的都市——文化战略与创意都市》,NTT 出版,2008 年

佐佐木雅幸、水内俊雄编:《创意都市与社会包容》,水曜社,2009 年

大阪市立大学大学院创意都市研究科编:《创造之家与都市再生》,晃洋书房,2010 年

世界都市研究相关文献

Friedmann，J.，'World City Hypothesis'，*Development and Changes*，vol. 17，no.1，pp.69—84，1986（该论文收入藤田直晴编译:《世界都市的论理》,鹿岛出版会,1997 年）

Sassen，S.，*The Global City—— New York*，*London*，*Tokyo*，*New Jersey*：Princeton University Press，1991 伊豫谷登士翁监译:《全球·都市》,筑摩书房,2008 年

Zukin，S.，*Loft Living*：*Culture and Capital in Urban Change*，New Brunswick and New Jersey：Rutgers University Press，1982

威廉·塔布（Tabb，William K.）：*The Long Default*：*New York City and the Urban Fiscal Crisis*，* 宫本宪一、横田茂、佐佐木雅幸译:《纽约市的危机与变容》,法律文化社,1985 年

加茂利男：《世界都市——在"都市再生"的时代里》，有斐阁，2005 年

町村敬志：《"世界都市"东京的结构转型——都市重构的社会学》，东京大学出版会，1994 年

纽约时报社（New York Times Company）：*The Downsizing of America*，Rondom House，1996，* 矢作弘译：《美国缩减——被大量失业撕裂的社会》，日本经济新闻社，1996 年

博洛尼亚及意大利相关文献

井上ひさし（井上厦）：《博洛尼亚纪行》，文艺春秋，2008 年。文春文库，2010 年

阵内秀信：《意大利都市再生的论理》，鹿岛出版会，1978 年

三上礼次：《都市计划与居民参与——博洛尼亚的尝试》，自治体研究社，1991 年

宗田好史：《意大利的城镇建设》，学艺出版，2000 年

冈本义行：《意大利的中小企业战略》，三田出版会，1994 年

佐藤一子：《文化合作的时代——恢复享受文化的权利》，青木书店，1989 年

田中夏子：《意大利社会经济的地域展开》，日本经济评论社，2004 年

稻垣京辅：《意大利的创业家网络》，白桃书房，2003 年

罗伯特·帕特纳姆（Putnam, Robert D.）：*Making Democracy Work: Civic Traditions in Modern Italy*，Princeton，N. J.：Princeton University Press，1993，* 河田润一译：《哲学化的

民主主义》,NTT 出版,2001 年(原著出版于 1992 年)

金泽相关文献

浅香年木监修:《从金泽到"KANAZAWA"——为了营造坚韧的明天》,金泽经济同友会,1987 年

宫本宪一:《环境经济学》,岩波书店,1989 年

中村刚治郎:《寻求新的金泽形象——转型期的都市经济战略》,金泽经济同友会,1986 年

佐佐木雅幸:《现代北陆地域经济论》,金泽大学经济系研究丛书,1992 年

佐佐木雅幸:《都市与农村的内发性发展》,自治体研究社,1994 年

日本创意都市相关研究

小长谷一之、富泽木实、青山公三:《多媒体都市的战略》,东洋经济新报社,1999 年

铃木茂:《产业文化都市的创造》,大明堂,1989 年

铃木茂:《高端科技型地域政策的研究》,密涅瓦(Minerva)书房

关满博、小川正博编:《21 世纪的地域产业振兴战略》,新评论,2000 年

宫本宪一、横田茂、中村刚治郎:《地域经济学》,有斐阁,1989 年

矢作弘:《都市会复兴吗?》,岩波书店,1997 年

佐佐木雅幸、オフィス祥:《CAFÉ——创意都市大阪的序曲》,法律文化社,2006 年

文化经济学相关文献

Ruskin，John，*The Stones of Venice*，* 福田晴虔译：《威尼斯的石头Ⅰ、Ⅱ、Ⅲ》，中央公论美术出版，1996 年(原著刊行于 1853 年)

Morris，William，内藤史郎译：《为了民众的艺术教育》，明治图书，1971 年

Ruskin，John，Morris，William 的主要著作收入于《世界名著 Ruskin・Morris》，中央公论社，1979 年

池上惇：《信息化社会的文化经济学》，丸善图书馆，1996 年

池上惇：《文化与固有价值的经济学》，岩波书店，2003 年

后藤和子：《艺术文化的公共政策》，劲草书房，1998 年

其他

Williams，Raymond，冈崎康一译：《关键词辞典》，晶文社，1980 年(原著刊行于 1976 年)

Sen，Amartya Kumar，铃村兴太郎译：《福利的经济学——商品与潜能》(*Commodities and Capabilities*)，* 岩波书店，1988 年

Sen，Amartya Kumar，大门毅译：《认同与暴力》，劲草书房，2011 年(原著 *Identity and Violence：the Illusion of Destiny*，New York：W.W. Norton，2006)*

西尾胜：《未完成的分权改革》，岩波书店，1999 年

安江则子编：《世界遗产学的邀请》，法律文化社，2011 年

佐佐木雅幸、川崎贤一、河岛伸子编：《全球化的文化政策》，劲草书房，2009 年

后　记

当 21 世纪拉开帷幕之际,日本社会也站在了重大转折的关口。

有的人高调宣称是"继明治维新与战后改革之后的第三次社会改革",笔者认为,近代以后延续至今的这个"国家"集权式社会经济体系必须进行根本转型。

全球化的大浪,正在终止以往以公共事业为象征的官僚统治及利益诱导型政治体系,宣告了新的"分权与都市的世纪"的开篇。

分权改革尚且"未完",为了接近真正的"都市的世纪"而开始的讨论与社会实验的积累,从未像今日这般迫切。

本书认为"正是创意都市开拓了都市的世纪",希望加入创造新社会的"场域"中。

笔者在 1999 年 3 月末至 2000 年 1 月末的 10 个月间,有幸在意大利博洛尼亚大学留学。

在本书中,作为"创意都市"的典型案例择取了博洛尼亚的历史街区匠人街,笔者亲身入住了其中的一个公寓。在友人博洛尼亚大学维多里奥·卡佩基教授及其伙伴阿黛勒·佩茜女士的帮助之下,以大型活动"博洛尼亚2000"为中心,记录了迎接新千禧年的意大利地域社会的各种活动,并进行了分析。

除了以往关注的匠人企业、文化合作社的新动向之外,这次还对社会合作社特别进行了调查,另外也尝试采访了环境相关领域。

为了生动再现当时的氛围,在这本书里采用了很多对话。

另外,因为偶尔有机会访问伯明翰、弗莱堡等备受瞩目的一些都市,笔者切身体会到欧洲已经开始向以都市文化多样性为基础的"创意都市的世纪"过渡,所以在本书中描绘了这一动向。

期间,博洛尼亚的"橄榄树"联盟①内部产生了纷争,市长选举中改革派又出乎意料地饮恨败北。当然,仅仅因为这个绝对不能抹杀战后延续至今的博洛尼亚市政创新成果,不管怎样,希望市政改革能够尽快回到正轨吧。

可是,在最近的国政选举中,由贝卢斯科尼所领导的右派势力抬头,其背景是针对急剧增长的移民的政策应对;从都市政策的视角来看,今后这不仅仅是意大利的问题,也为 EU 主要国家留下了重大课题。

---

① 2005 年 2 月 10 日,对于 2006 年意大利总统选举,橄榄树联盟和绿党、共产党左翼以打倒"自由之家"贝卢斯科尼政权为目标结成"联合"(L'Unione),公布了名字和标志。

　　回国后,给笔者的第一印象便是,欧洲已经向着建设多元文化都市的"新都市的世纪"迈出了脚步,我们国家却相反,越来越接近"国家破产",备受期待的分权改革也将以"未完"的形式而告终。

　　本书是笔者继《创意都市的经济学》①之后的"创意都市"的相关工作。

　　研究的基本框架虽然继承了前著,不过,本书的特色之一在于"作为一个市民"探求"创意都市"博洛尼亚的实像。

　　2000 年 4 月,我有幸从金泽大学调入京都的立命馆大学工作,这让我大胆地将"创意都市"研究视野拓展到金泽以外的都市。于是,我发现了京都市、浜松市、桐生市、三鹰市、田泽湖町等"创意都市"的萌动,看到了新的希望之光,所以我采用了这些新动向的案例,并给予了积极评价。

　　本书的第二个特点是介绍了在建设"创意都市"中所做的多种多样的尝试,通过分析,向读者提示日本重生的线索。另外,为了对今后更多的都市建设"创意都市"提供参考,也展示了如何创造多样化且独具个性的"创意之家"。

　　本书中所使用的"创意之家"一词,是对前著中的"创意支持基础建设"及"创意支持体系"两个概念进行通俗易懂地说明。

　　另外,关于本书第一章中论及的纽约及东京这两个"世界都市"更为详细的分析与理论框架,敬请参见前著。

　　并且,为了方便那些对"创意都市"研究感兴趣的读者,卷末

---

① 　佐佐木雅幸著,劲草书房,1997 年。

附上了参考文献一览表。

最后是个人的一点私事，本书也可以说是在笔者留学意大利期间，与经历了各种辛苦的家人共同完成的协奏曲，本书谨献给我的妻子昌子、犬子宏之和达郎。

本书的出版，承蒙友人矢作弘先生的建议。而我平日里也深受宫本宪一、池上惇两位先生的亲切指导，还有勉励我的前辈保母武彦教授的莫大关照。回国之后，随着工作调动，身处繁忙的日常生活中的我之所以能够勉力写作并将书稿付梓，全仰赖了岩波书店编辑部大塚茂树先生温暖而耐心的鼓励。还有，非常爽快地接受采访的各位相关人士，协助调查的井上典子、青山爱、梅本ヨシコ等诸位，在本书出版之际，谨向关怀我的各位表示诚挚的谢意。

2001 年 5 月

佐佐木雅幸

岩波现代文库版后记

　　单行本出版后已经过去了十年多的时间,书中蕴含的信息非常幸运地得到众多读者的厚爱。这次,拙著能够收录于现代文库,真是喜出望外的幸运。借此机会,我在书中对最近十年有关创意都市的一些新动向做了一些补充,但还是有些内容加不进去,便记录在此。

　　随着"创意都市"这个词成为全世界通用的新学术用语,并应用于都市政策,其广泛性超出了笔者的预想。来自欧美学术界与国际会议的演讲邀请,来自日本、韩国等亚洲都市关于政策制定建议的邀请,让我不得不名副其实地"东奔西跑",对于笔者而言,简直就是"疾风怒涛的十年"。

　　笔者最早开始关注"创意都市"这个词语,机缘来自读研究生时的恩师,京都大学名誉教授池上惇先生 1994 年从多特蒙德大学(Dortmund①)举办的国际文化经济学学会上带回来一篇由该校的克劳斯·昆茨曼教授等人论考的《创意都市建设中文化基础建设与文化活动的重要性》。

---

①　德国中西部的工商业都市。

　　基于已故京都大学名誉教授岛恭彦先生门下的大前辈、大阪市立大学名誉教授宫本宪一等人提倡的内发型发展论的视角，笔者正在对意大利博洛尼亚与金泽市进行比较研究，研究文化与产业并立的都市样态并正在探索着新都市理论。对于我而言，"创意都市""Creative City"这个词语可谓是非常贴切，是正中靶心的概念。

　　于是，笔者立刻联系了 1995 年出版的《创意都市》的作者、以英国研究为中心的国际顾问查尔斯·兰德利先生与弗兰克·比安基尼教授（里兹都会大学①）等人。他们的研究受到了美国市井都市研究学者简·雅各布斯的著作的影响，她将擅长产业创新及即兴创作（像即兴演奏一般的改良）的意大利中型都市博洛尼亚及佛罗伦萨称为"创意都市"，评价其为去大量生产时代的代表性都市。兰德利等人认为，"创造性"较之空想与想象都更具有实践性，是介于知性与创新之间的东西，也就是作为产业与文化关联性的媒介的概念，并将其导入都市论。笔者将这一观点加以生发，以博洛尼亚、金泽模式为轴心，构建了自己的创意都市论，在 1997 年出版了《创意都市的经济学》一书。

　　其后，2000 年兰德利的个人专著《创意都市》（日译本《創造的都市》②）与 2002 年美国理查德·佛罗里达教授的《创意阶层的崛起》（日译本《クリエイティブ資本論》③）相继问世，作为 21 世纪

---

① Leed Metropolitan University。
② 后藤和子监译，日本评论社，2003 年。
③ 井口典夫译，钻石出版社，2008 年。

的新都市论,这两部著作受到了极大关注,成为领导"创意都市时代"的主角。佛罗里达教授也深受雅各布斯的影响,他所关注的是在她生活着的纽约平民社区的多样性。他将雅各布斯所描绘的都市多样性用"创造性"这个概念进行替换,论述了接受同性恋者、具有高度宽容性的共同体所拥有的创意资本,比起共同体社会关系资本,更是都市需要的东西。雅各布斯因为反对当时美国政府正在推进的越南战争而移居多伦多,佛罗里达教授也尖锐批判了"9·11"恐怖事件之后急剧保守化的布什政权,从匹兹堡大学转入多伦多大学。

另一方面,笔者将雅各布斯视为现代创意都市论之母,但也正如在第一章中所论述的那样,探求其理论源泉,则应当追溯至文化经济学的始祖约翰·罗斯金与威廉·莫里斯。尤其是罗斯金在其名著《威尼斯之石》中详细阐述,正是匠人"工作",即"opera"中蕴含的生命流露实现了艺术与技术的一体化创造性。接着,笔者关注了继承罗斯金与莫里斯的"艺术经济学"、名著《都市的文化》的作者刘易斯·芒福德。芒福德都市论的最大特色可以说是"艺术都市论"或者说"剧场都市论"。"都市在培育艺术的同时,自身也是艺术;都市在建造剧场的同时,自身也是剧场。人的更具有目的性的活动,通过人、事、团体的不断竞争与协作,达到意义深刻的顶点,就是因为在都市中,在作为剧场的都市中。"正如这段话中所说的那样,将日常生活的每一个断片都具有艺术性的都市作为理想,从"文化经济学"的视角出发,批判了由货币经济支配的巨大都市,以及由金融、官僚、大众媒体三位一体支配的游离于市民生活文化之外的消费文明。因此,笔者的创意都市论接受了芒福德的观点,将"创意都市"置于受现代金融资本主义摆布的"世界都市"的对立面。

然而,在都市计划论者芒福德与雅各布斯之间,就都市计划的样态发生过一场著名的论争。对于在现场敏锐捕捉都市的多样性与创造性的雅各布斯来说,精英们居高临下制定的都市计划,往往带有官僚作风,有损于创造性。关于这一点,虽然没有深入探讨,但是可以说,它与笔者所考虑的"创意都市"或"创意之家"难道是可以按照计划实现的吗——这个问题具有共通性。

作为 21 世纪的都市论,最初受到关注的并不是创意都市理论,而是世界都市论与全球化都市论。其代表性研究当属塞斯基亚·萨森教授的《全球·都市》①。针对全球化对都市及地域产生的影响进行了客观而冷静的分析;特别对处于顶点的世界都市的经济基础、都市空间及社会结构的重构过程进行了细致辨析;对于其发展及衰退的动态中全球化所带来的真相及矛盾进行了分析,并暗示了都市的未来。

分析的焦点放在以法律、会计、宣传、经营咨询等跨国公司为顾客提供的高端专业服务业及金融业上,其成长集聚于纽约、伦敦、东京等屈指可数的巨大都市,趁着泡沫经济与投机的热潮获得了急速成长;另一方面,现有的制造业衰退,高收入者阶层与低

---

① Sassen, S., *The Global City——New York*, *London*, *Tokyo*, *New Jersey*: Princeton University Press, 1991,伊豫谷登士翁主编翻译:《全球·都市》,筑摩书房,2008 年。

收入者阶层的社会两极分化明显;同时,连芝加哥、大阪等成长板块集聚较为薄弱的现有产业及商业大都市,都在全球化的浪潮中遭到淘汰,被编入等级制度的下层。也就是说,世界都市的形成导致都市内外形成社会性及地域性差距,并逐渐扩大。因此,塞斯基亚·萨森直面处于底层的少数族裔及移民等短工、非正规劳动者集聚的贫困地区日益扩大的现象,指出了矛盾与局限。同时,鲜明地展示了迄今为止承担了国民经济发展主导力量的大都市,在与全球经济对接的过程中,岂止是为国民国家的发展做出了贡献,反而造成了空洞化的逆流现象。

通过上述分析我们可以看到,表面上看似华丽热闹的全球化都市存在着矛盾和弱点。笔者的创意都市研究就立足于克服上述矛盾和问题上。即针对以金融资本及高端专业服务业为经济引擎、站在世界都市金字塔的顶点、社会性与地域性差距日渐扩大的"世界都市",笔者将"创意都市"定位为:以市民创意活动为基础的文化与产业(创意产业)发展为轴心,水平性地扩展都市网络,以重构文化多样性的全球社会与社会包容性的地域共同体为目标。

果然,2001年"9·11"恐怖事件体现出对于财富集中于世界都市的反感;2008年"9·15"证券巨头雷曼兄弟的破产引发了世界金融恐慌,"世界都市"的幻想暴露于光天化日之下。"从世界都市走向创意都市",都市论的范式的确正在发生着转换;同时,"创意都市网络构想"也正在由联合国教科文组织推广展开,本书在第五章"4 加强合作的国内外创意都市"中进行了补充。

　　在关注创意都市的全球网络化动向的同时,笔者自此几乎每年都会邀请国内外创意都市领域的第一线研究者及政策负责人参加国际会议,从理论与政策的两方面深入探讨。为此提供平台的,是邀请笔者的大阪市立大学研究生院创意都市研究科,它创办于 2003 年春天,位于大阪市中心。这是世界上第一个以培养从事创意都市政策的自治体与 NPO 人才、意见领袖①为目标的社会成人研究生院,成为国内外网络的根据地。

　　受大阪国际交流中心和千里文化财团的资助,2004 年 2 月与 2005 年 12 月相继举办了创意都市·国际研讨会。接着,2007 年 10 月,与大阪市共同举办了世界创意都市论坛 in OSAKA,邀请了加入联合国教科文组织网络的欧美创意都市的政策负责人,从他们那里获得了学习先进经验的机会。后来,世界创意都市论坛每年都会举行,分别在金泽(2008—2010)、神户(2008)、浜松(2011)举办,神户与金泽还注册了联合国教科文组织的网络,浜松市也正在申请当中。

　　通过这一系列国际会议,以兰德利与比安基尼为首,堪称创意都市的历史理论巨著《文明中的都市》的作者彼得·霍尔教授、从都市经济学展开都市文化产业论的阿兰·司各特教授②(加州大学洛杉矶分校),还有关于文化经济及地域发展的理论家安·马克塞恩教授(明尼苏达大学)、文化产业与创意产业板块的理论

---

① opinion leader,指对集体决策(流行、购物、选举等)产生很大影响的人物。也被称为舆论形成者或者舆论先导者。

② Allen John Scott(1938—　),出生于英国的经济地理学者。

领袖安迪·普拉特教授(伦敦大学国王学院),以及联合国教科文组织所认定的创意都市博洛尼亚、蒙特利尔、圣菲、柏林、上海和巴塞罗那、新加坡的政策负责人,在日本文化经济学会共事的后藤和子、川崎贤一、河岛伸子、野田邦弘、吉本光宏等先生们,都展开了热烈的讨论。

在此,归纳主要论点如下:

现在,世界诸多城市都提出了"创意都市"的政策目标并自我标榜,那么,我们就要重新问一问:"创意都市"究竟是什么?按照什么样的指标进行定义?

例如,兰德利希望大阪的目标"不是成为世界第一创意都市,而是成为世界需要的创意都市",同时他认为,"任何一个城市都可能成为创意都市"。对此,他提出了四个探究方法。

第一,拥有很多支撑艺术家及其活动的文化设施,即与创造性基础设施融为一体的"创意之家"。

第二,发展具有市场性的创意产业,它将提高现有产业的创造性。

第三,有很多理查德·佛罗里达提倡的"创意阶层"在此居住,科学家与艺术家一同协作,将日常生活变得更为丰富多彩。

第四,包括行政机构在内,所有的市民都能够发挥出创造性,并授予其权利。

兰德利的四个研究方法是从对赫尔辛基、巴塞罗那、伯明翰等典型都市的分析中得出的经验,对于各个都市在规划具体的创意都市战略之际,将提供有益的参考。

　　另一方面,理查德·佛罗里达提出了由人才、技术、宽容性三个领域的 8 个指标构成的独特的"创意指数"。其中,按照同性恋者(gay 与 lesbian)居民的布局系数(相对于全国平均数量的各地区比例)而测定的"gay 指数",并不是指向传统的高雅文化精英阶层,而成为令人印象深刻、具有高度创造性的,被称为"思想开放的、前卫的波希米亚人(avant-garde bohemian)"的年轻艺术家等社会团体的象征;爵士乐、摇滚等美国反主流文化(counterculture)针对传统社会的挑战态度非常鲜明。其强烈的冲击性形成了"创意阶层与 gay 聚集的都市才会发展"的俗语,佛罗里达的理论风靡全世界。

　　然而,招徕创意阶层并不意味着形成创意都市。

　　阿兰·司各特基于对好莱坞电影产业的调查分析论述道,为了发展作为创意都市引擎的创意产业,拥有独特技能的工人与支柱产业(supporting industry)的集聚都是必不可少的;如果都市经济不具备开拓世界市场的销售战略功能,也无法期待其可持续性发展。

　　另外,安·马克塞恩也批判了佛罗里达理论中缺乏地域经济独自的发展理论。作为地域经济的发展理论,虽然出口主导型的经济论占据了主流,但在知识信息经济的时代,更需要以文化产业为核心的进口替代型的经济发展,其理论的嚆矢就是简·雅各布斯。

　　也就是说,通过吸引大量生产型的工厂而形成出口主导,实现经济成长的都市,其区域内的消费并不充分,而对产业领域又有所限定;相对于此,以文化产业为中心的进口替代型的经济发展,充实了区域内的消费,促进了劳动力的多样化及人力资本的高度化,发展了新知识信息产业。因此,她强调,对于创意都市中的艺术家的作用,从社会文化以及经济方面进行多方位的分析是十分重要的。

马克塞恩对明尼苏达州内进行了具体调查,实证性地辨明:定期召集艺术家进行训练或公演,作为让前辈与听众进行开放式交流的场所,艺术家中心受到了关注,获得了投资,这些都吸引了艺术家,刺激了区域内的文化消费。并且与医疗、卫生保健产业相关联,防止了人口减少;更促进了衰退的闹市区恢复繁荣,出现了一些致力于低收入者所在社区问题的社会包容性尝试。

文化产业与创意产业领域的政策专家安迪·普拉特指出,在这些文化产业领域内,自营或小型企业的模式占了大多数,因此,为了能够在世界市场的竞争中获得一席之地,横向合作就显得十分重要;与普通的产业集群相比较,具有以下三个特征:

第一,形成集群的主体间的网络的质的内容,特别是"隐性知识"①的交换及其溢出②的过程很重要。

第二,在形成集群的企业间贸易中,基于人与人的信赖关系的非金钱交易的重要性逐渐增大。

---

① Tacit knowledge,是指虽然有经验,但无法用语言简单说明的知识,是经验知识和身体知识中包含的概念。

② spill-over。

第三,在创意产业集群的形成中,不仅是经济方面,社会方面的分析也很重要,必须在都市及地域的文化脉络之中考虑制度的厚度。

也就是,"以个人的创造性、技能、才能为源泉"的创意产业在形成集群之际,营造创意的隐性知识的独特的时间与空间的"场"的形成非常重要。在创意都市论中,"创意空间"或"创造性的社会结构"的社会文化地理环境才是最重要的,一边以文化政策为核心,一边谋求产业政策及都市空间政策的政策融合。

笔者将创意都市定义为:"基于人自由发挥创意活动,在文化与产业领域富于创造性,同时具备创新而又灵活的都市经济体系的都市。对于全球环境问题、地域性的地域社会的课题,能够提供丰富的创造性解决问题的'创意空间'的都市。"并归纳了实现这一目的6个条件。

同时,在对博洛尼亚、金泽等都市的实证性分析的基础上,对于利用高品质的文化资本集聚,生产出经济价值与文化价值并立的财富与服务;在地域内,实现对这些财富与服务产生刺激的高品质消费生活,使得文化性生产与文化性消费取得平衡的生产系统,笔者将之定义为"文化性生产系统"。不过,我想在上述研究成果的基础上做进一步的推敲。

另外,也是兰德利与佛罗里达都强调的一点。在创意都市中,并不只有艺术家与科学家,"实现一个能够让所有的市民都发挥创造性的社会=创意社会"才是重大目标。为此必须普遍保障能够享受这种文化生活的基础收入="基础·收入制度",相关的理论性、政策性考量就变得十分重要。不是将残障人士、老年人、流浪汉排除于社会之外；要消除在知识信息社会中产生的差距；解决因急速的全球化所引发的难民问题，诸如此类的"社会包容"课题，如何去创造性地解决，都摆在了创意都市论的面前。所谓"社会包容"指的是，"消除造成社会性排他的各种因素，推动人们的社会参与，恢复或形成与其他人之间的相互关系"。这是针对20世纪80年代到90年代欧洲各国出现的新的社会问题，具体而言，是关于移民排斥、因宗教价值观差异而被地域共同体排斥等社会性排他的对立概念，欧盟将其定为都市再生的目标之一。

事实上，在"社会包容"这个问题上，创意都市博洛尼亚也有很多先进事例。关于开展让流离失所的人开始自立的活动，本书对社会合作社 Piazza Grande 进行了介绍。在东日本大地震的悲剧发生时日尚浅的3月19、20日两天，大阪市内开展了以"舞台艺术与社会包容"为主题的艺术主导的社会包容实验。会场就是笔者任教的大阪市立大学杉本校区的田中纪念馆。站在舞台上的是摒弃了周围人的担忧，从意大利博洛尼亚赶来的假面剧团 Fraternal Compagnia 的马西莫·马基雅贝利与塔尼亚两位先生，还有经过四天的工作坊培训，第一次表演假面戏剧的大阪西成的市民们。

在博洛尼亚，以流浪汉、毒品依赖患者为对象，首先从制作假面开始，在几个月内，在创作一部戏剧的过程中，使得他们获得主体性的思考，从而回归社会。这两位先生就是运营这一支持项目的领导者。"Commedia dell'arte"①是始于中世纪的意大利传统假

---

① 使用面具的即兴戏剧的一种形式。16世纪中叶诞生于意大利北部，主要在16世纪到18世纪左右流行于欧洲，现在仍在各地上演。

面即兴戏剧,通过流浪汉自己来表演,从而修复受损的人性,这是一种独特的社会包容尝试。

活跃于西成地区的 NPO 法人"声音与语言与心灵的房间(Cocoroom)",通过为年轻的流浪汉和居住于简易的低级旅店的人提供一个能够轻松前往欣赏作诗或朗诵等创作表演,并能够休憩的"家",不仅支持了就业,还开展了活动,让他们能够拥有人生的价值并自尊地生活。聚集在这间 Cocoroom 里的工人们,虽然只是短暂的参与,但是与马西莫等人一同制作了舞台。他们所戴的假面的力量与马西莫等人的指导力,激发了劳动者沉睡的艺术感性,成就了一个令人感动的舞台。很多人都积极地表示,下次要从假面制作开始就参与进来。

博洛尼亚就是这样一种艺术主导的社会包容型都市的模范。

近年来,在中国与韩国,以创意产业振兴及都市品牌化为中心建设的创意都市之间产生了竞争。不过,首尔对于社会包容型创意都市的关注度也在急剧高涨。

2011 年 11 月 16 日至 18 日,首尔江南地区的综合会议设施COEX 作为会场召开了联合国教科文组织创意都市网络会议。除了加盟的 21 个都市外,来自新申请的 17 个都市的代表济济一堂,日本方面出席的有成员都市金泽的市长、神户市的设计都市统管长官、名古屋市的市民经济局副局长,以及准备申请加盟的札幌、浜松、新潟、鹤冈的 4 位市长。

该会议 2009 年在美国圣菲、2010 年在中国深圳举办之际,邀请了加盟都市的政策负责人参加,这次在首尔会议上,第一次同时设置了市长聚会(峰会)。可是,市长聚会的主持人,首尔市长吴世勋在8月份突然辞职;而且,在会议即将召开之前举行了选举,当选的是开展市民运动的朴元淳先生。他表示将取消前市长计划的新歌剧院的建设,把这笔预算转移至社会住宅的建设。大家都很关注身为主持人的他将传达怎样的信息。

在开幕词中,新任朴市长批判了首尔市以往的创意都市政策(设计都市·首尔)是自上而下的管理方式(top-down),缺乏与市民的对话。他宣称,首尔将转型为以草根社区运动为基础的创意都市,提出了社会设计及与环境共生的"设计都市·首尔"的目标。笔者趁会议空档参观了首尔市政府,并得到了个人访谈的机会。当我表述了"社会包容型创意都市"或许是今后的新方向时,朴市长回应道,他对博洛尼亚的社会合作社也非常关注,彼此产生了共鸣。

今后,与新自由主义的都市竞争不同类型的社会包容型创意都市的全球网络发展将成为重要课题,特别是日本、中国、韩国三国间正在推进的东亚艺术创意都市构想中,共生的思想更重于竞争。

在笔者担任所长的大阪市立大学都市研究大厦,从2007年度起至2012年3月的5年中,为文部科学省采纳为全球卓越研究教育根据地GCOE,与众多年轻的研究者一同开展了主题为"文化创造与社会包容的都市重构"的跨学科共同研究课题。

我们的目标在于从跨学科的角度探求,在全球化与知识经济社会转型的现代社会,通过发挥艺术文化的创造性作用,不仅创造出新产业,还重建都市共同体,对那些被社会排斥的人们在经济上及社会上的自立给予支持,实现"社会包容"的都市即社会包容型创意都市的样态。

为此,作为研究的平台之一,由笔者担任主编,从 2010 年起开始由荷兰的 Elsevier 出版社①刊行国际学术杂志"*City, Culture and Society*",两年中刊行了 8 册。包括本书中介绍的安迪·普拉特、萨斯基亚·萨森、查尔斯·兰德利、理查德·佛罗里达等代表性研究者的论文在内,已经刊登了 50 余篇优秀论文,投稿人数约 300 人,来自 37 个国家、20 个研究机构。本书的读者如果对于由文化艺术主导的创意都市与社会包容的实证性、理论性研究课题想做更加深入的探讨,请参考这份国际期刊上刊载的优秀论文。②

最后,关于本书的出版,我想对帮助过我的各位表示衷心的感谢。首先浮现在眼前的是已故剧作家井上厦先生(Hisashi Inoue)③。与井上先生的交往,可以追溯到 15 年前拙著《创意都市的经济学》出版的时候。这部著作是以笔者的博士论文为基础全力以赴写就的,井上先生是学术界里第一位为此撰写评论的老师,这令我感到非常荣幸。他特别对笔者的创意都市博洛尼亚的

① Elsevier B.V.,荷兰阿姆斯特丹的国际出版社。以医学、科学技术为中心的世界最大规模的出版社,也发行了很多学术杂志。

② 可以通过该网站下载:http://www.journals.elsevier.com/city-culture-and-society/。

③ 井上ひさし(Hisashi Inoue,1934—2010),日本的小说家、剧作家,文化功劳者,日本艺术院会员。

分析给予了全面肯定，也是出于这个缘由，本书在刊行单行本《创意都市的挑战》之际，请他为腰封荐读寄语。

另外，在井上先生的作品《博洛尼亚纪行》①中多处引用了笔者的调查结果，托先生的福，很多读者在读完了《博洛尼亚纪行》之后又继续读了《创意都市的挑战》，这也是拙著得以再版的一个原因吧。

最近，我收到井上先生介绍的 Fraternal 剧团发来的好消息。"2012 年弗朗哥·恩凯利斯奖②（对做出卓越社会贡献的艺术交流授予的意大利国家级奖项）"决定授予去年 11 月在意大利首次公演便获得成功的戏剧《和爸爸在一起③意大利语版（Mio Padre）》的表演剧团 Fraternal 剧团及作者井上厦先生，今年 8 月份井上先生的女儿井上麻矢女士与剧团负责人马西莫·马基雅贝利先生将会出席授奖仪式。这令我感到与博洛尼亚的缘分更深了几分。

自从我担任金泽大学讲师以来，前金泽市长山出保先生就耐心地倾听年轻人直率的建议，提供了各种各样的社会实验场所，真是蒙受了无以言表的恩惠。

另外，在第一线指挥着横滨创意都市事业的北泽猛与山口良一两位先生，非常遗憾地相继于 2009 年、2011 年去世。虽然我与他们实际见面的次数很少，但相互之间感受到作为领跑者所承担

---

① 井上ひさし：《ポローニャ紀行》，文艺春秋，2008 年。

② 日文名"フランコ·エンリケス賞"。

③ 井上厦：《父と暮らせば》（Chichi to Kuraseba），1994 年 9 月初演，《新潮》1994 年 10 月号刊载，1998 年 5 月新潮社单行本发行。井上厦：《和爸爸在一起》，李锦琦、张立波译，上海译文出版社，2017 年。

的重任与充实感,是无可替代的朋友。

感谢与笔者一同跑过"疾风怒涛的十年"的大阪创意都市市民会议的干事会成员及 NPO 法人都市文化创造机构的诸位会员们。特别是对在两部门都做出了无私奉献的川井田祥子女士,真不知该怎样感谢才好。

笔者探索的创意都市研究之旅尚在途中,我衷心希望,随着日本创意都市网络的发展,在不久的将来能够开设一个负责政策研究和人才培养的创意都市研究所。再次对出版本书的岩波书店编辑部大塚茂树先生表示衷心的感谢。

2012 年 3 月　于京都

佐佐木雅幸

本书是以 2001 年 6 月岩波书店出版的《创意都市的挑战》为基础的新编集版,大幅添加了近十年来创意都市论的进展情况。